マンガ

いちばん最初に読む
家づくりの入門書

はじめて家を建てました！

あべ かよこ 著

監修／小野 信一

ダイヤモンド社

CONTENTS

●プロローグ●

「家づくりなんて興味なし」
でした

東京都杉並区。駅徒歩7分。2DK、47㎡。家賃＋管理費＋駐車場代＝17万8千円。共働き。子供なし。それが家を建てる前の私たちの住まいです。
わたし、あべかよこ。マンガ家です。
ダンナのくっちゃんは、フリーでグラフィックのデザイナーをしています。
コンニチハ
どもー
今のアパートには、なんの不満もなくて、すでに更新4回目、つまりもう8年ここに住んでおるのです。
しかしね、アレですよ。30歳超えてしばらくするとですね
えっ、Sちゃんマンション買ったんだ！
201
101
うえー、Mさんもだよ
ちくしょう、**金持ち野郎**め！
もう友達じゃねえや！
ビリ
ビリ

ねえ、なんで僕たちビンボーなの？
そりゃあフリーだから…
いや、でも、まっとうに暮らしてるよ！
都内に家買えるなんて、なんか悪いことしてるに決まってんだぜ
そうかなあ？
そうだよ！社会の闇の部分だよ！
ビチ ビチ
友達もか？
ちぇっ、じゃあ気晴らしにでっかくってキレイな、家でも見に行く？
行く行くー！
でっかくってキレイな家とは？近所の住宅展示場のことなのだ。
住宅展
家を建てる予定はないけど、見るのは楽しいよね。

今日、フラつくのはCMでもおなじみの、「ししゃもホーム（仮名）」に決めた
カッコイイねー
ししゃもホーム、いいよねー
この大人っぽい書斎、ボクにぴったり！
くるくる
大人はくるくるしない！
あ、見て、
ししゃもホーム作品集だって
わ、スゴイー
ゼイタクー
スタスタ
ばったん!!
わわ!? びっくりした!!

これは、億ですから参考になりませんよ
はい？
これはコンペ用につくられた贅沢な家なんです
何億もするんです
あの、見ちゃいけないものなんですかね？
いえ、かまいませんがお客様の参考にはなりませんよ!?
「最初から無理なんだから」
私たちを見下す態度に、心の声が聞こえた気がした。
「あなたたちはお金持ちじゃなさそうだから、贅沢な家なんか見てもしょうがないんだよ」
ということか!?

それに、だいたい人が見ている本をいきなり閉じるって、どういうことだ!?
むっか～
確かにウチはお金持ちじゃないから、そんな家は建てられませんけどね。キレイなデザインの家を見たいっていうのが、なんか、いけませんか？
相手は客商売の営業だ、ちょっとは譲歩の態度に出るかと思いきや…
イスに座り、腕を組み、首を少し傾け
奥さまはわかってらっしゃらないようですね
ですからこれは、コンペ用につくられた……
フン
明らかな侮蔑の表情で最初の説明を繰り返しやがった
ブチン
切れました
わっ

オーケイ、やってやろうじゃねえか
表に出ろ このヤロウ!!
ジャキジャキジャキーン
バタフライナイフ
いてえー!!
プシュー
やめな!かよちゃん、こんなヤツ相手にするほうがバカだよ!
離せ! ヤロウののど元掻っ切ってやる!!
ずるずる
家に帰ってからも
あー、もう ほんとに腹立つ! なんなんだ あのヤロウ!
ボリボリ
夜になっても
腹が立って眠れないなんて、初めてだよ!
かー
胃がキリキリ
あー、もう!
がばっ

明け方の5時に
「ししゃもホーム」のHPを
探し、
メールを書いた
今日、貴社の住宅展示場を見学にうかがったものですが、その際、対応に出られた方のあまりの態度に腹が立ち、メールを書かせていただきました。
「ししゃもホーム（仮名）」さんでは、お金のなさそうな若夫婦には商品説明などしないでいい、といった営業方針でもお持ちなのでしょうか。
モデルルームの中で机にあった作品集を見ていたところ、やってきた営業の方に、いきなり本を閉じられてしまいました。
（中略）
確かに私たちには億単位の家など建てられるわけがありません。が、納得がいかないのは、彼の人を見下した態度です。
文章だけなので、この様子を率直にお伝えできないだろうとは思いますが、そのときの彼の態度は、「けんかを売っている」という表現がもっとも近いでしょうか。
結局、家の情報はなにひとつ得られずに、腹立たしい思いをいっぱいにして帰ってきました。
見知らぬ人に、こんなイヤな気分にさせられる経験というのも、そうあることではありません。
（中略）
どうにも腹が立って眠れず、メールを書いてしまいました。
長々と失礼いたしました。
書いたら
ちょっと、
落ち着いた。
チュンチュン

へー!?
朝方に
メールを?
うん。
でね、
ちょっと考えて
みたわけ
なにを?
私たちは、ビンボーで
お金なくて家なんか
建てられないって、
思うじゃない?
でもさ、本当の
ところ、
詳しいことは
なにも知らない
じゃない?
だから、
もうちょっと
現実的に、
ちょーっと
現実に近づけて
考えてみようかと
いいよ!!
いろいろ
勉強して
ね!
あたし
ひとりかい!!
あとね、
もうひとつ
考えたんだ
けど
うん
くすくす
「ししゃも
ホーム」の
モデルハウスに
シロアリ放すっての
はどうかな?
やめなさいって
ククククッ

●1章●

ひょうたんから二世帯住宅！

川の流れるマンション
こちらが話題のマンションの…
あっ、ねえねえくっちゃん！
これ、すぐそこのマンションじゃない？
あっ、そうだ
カアーッコイイ〜〜!!
その頃、以前から話題になっていた大規模マンションが、近所に完成したのだ
そこは以前は、大地主さんの土地で、森のような庭があり
ーっそう…!!
着工前にはそれらの樹木を惜しんで反対運動が起きていました
歴史ある緑を守れ！
ンション建設
反対

そこで、「なるべく木を残す方向」で開発が進むことになったらしく、そのおかげで、マンションはよけいステキになっていたのでした
見に行っちゃう?
見るのはタダだし!
こちらがマンションの全体像です
↙模型
あれっ?実物が見れるわけじゃないんだ
うわ! 敷地内に川が流れる公園があるよ!?
ゼイタク〜〜
こんにちは、近くにお住まいなんですか?
びくう!!

みみ、見ているだけですから！ふへへへへ!!
見学なんですけどー
ビクビク
おちつけ！
近くにお住まいなら、家賃は高くないですか？購入の試算をしてみませんか？
えっ、月々家賃が18万くらい？
それじゃあ買ったほうが得ですよー
ええ？そうなの？
頭金を○百万払うとして…
カチャカチャ
月々の支払いが14万7千円ですね
ウソッ！今より安い！
一瞬、なんだか光が見えた…！川付きのマンションに住まう私たちの未来が…
泳いじゃダメだろ

あ、でも駐車場は？
はい、月々3万5千円です
駐車場代がいるの？
駐車場は権利を売っていないので…
個人のものにはなりません
それに場所柄、駐車場の数は部屋数の⅓くらいしかない
P
借りるのムリじゃないコレ？
それと管理費が…
まだあるのー？
広い敷地に美しいお庭が自慢のマンションなだけあって、管理費が数万かかる
（ま、考えてみたら当たり前だけど）
結果、支払いは、35年間で月々20万近く。しかも広さは今のアパートと変わらない50平米くらい。
これでも4千万円弱の、ここでは一番安い物件なのだ
多分陽の当たらない北側の1F
おまけにこれは頭金を数百万いれた場合なので、それさえ払えるか定かでない私たちには…
ムリ

うーん、確かに買うのは無理だけどそれにしてもずっと住む家じゃないよねえ
どうして？
部屋のつくりはおしゃれだけど、収納も今のアパートより少ないし、キッチンも手狭だよ
K 3畳
それに子供が生まれたら、子供部屋も欲しいじゃない？
…そっかー
そうだねえ あんまり先のことは考えてなかったよ。
さすがくっちゃん、ダテにでっかいオナラはしてないねえ
オナラは関係ないよね!?
数日後 実家（アパートから車で1時間の千葉県K市）

で、
冷やかしでマンション見に行ったんだけどさ
ボリボリ
あー、テレビで見た！庭に川があるんでしょ？
そう、スゴイ豪華なの
あんなのいくらするの？
んー、4千万円弱から1億数千万
へえ!?
でも、私たちには買えないことがわかったよ
そんなお金もったいないよー
じゃあ、この家建て替えればいいじゃん
え
え？
マジで!?
そんなこと全然想定してませんでした!!

家を建てることに
東京の隣、千葉県K市
駅まで車で10分、都内まで電車で1時間くらい。それが私の実家です
家族を紹介しますね 父と母、
目つきも態度も悪いネコのチャーちゃんと
どてどてどて
犬のパルちゃんです。
この家は築32年、途中で2階を増築しました

まだまだ普通に住めると思うけど、心配なところもあります
特に段差のあるお風呂!
タイル
入り口から20㎝くらいの段差があり、下はつるつるした石のような素材でできていて、その上にすのこを敷いて使っています
←つるつるして石っぽい素材
すのこ
だからしょっちゅうつるっとすべって危いのです
わわっ!!
つるっ
それでもって、家のつくりが古いから
さあい
む〜!!
寒いところから
う〜、さぶさぶ
急に温かいお風呂に入って血管が
ぶちっ!
なんていうことも多いって聞くし、年配の父母には心配でした

私も
小さいときから
お風呂に
はいると
くらくら
となることが
よくありました
目の前が
暗くなる
あれって、
血圧の急激な
変化のせい
だったんだね
怖いよ〜
でもおフロ
ってそういう
もんだと
思ってた
それと、
これはそうとう
スゴイと思う
んですが
イーチ
ニーイ
くっちゃんが2階で
腕立てをすると
筋肉の震えで
家が揺れるんだよ
ブルブル
ブルブル
怖っ！
31、
32
これはあえて
自慢したい
くらいだよ
どうだい、
スゴイだろー
ゴゴゴ
ゴゴ
ゴゴ
ゴゴ
想像するに、
主要な
柱以外は、
土台に
くっついて
ないんじゃ
なかろうか？
グラ
グラ
浮いてる
浮いてる
ともあれ、渡りに船？
棚からぼたもち？
的な展開なのでありますが、
この家、
建て替えれば？
やっていいって
言われたもんで、
じゃあ、そうさせて
いただきましょうよ

あー、でも、頭金に使えるような貯金ってあります？
んー、なんとかなるわよ
ザ
えー、ぜんぜん信じられないんだけど（だって、コツコツ貯金するタイプじゃないもん）
値段を見ないで買うヒト→
ポイ
ポイポイ
でも、まあいいや、あるって言われたから頼っちゃお
じゃあ…
よろしくお願いします！
一方、マスオさん的な立場になるくっちゃんは…ちょっとは悩むかなあ、と思ったら
え…
そうなの？
じゃあ…よろしくお願いします！
2秒で即決
だって、土地代いらないんだよ。好きなようにつくれるしさ。子供ができたらじじばばに見てもらえるしさ
うわ～
おまけにかなりちゃっかりしていました

持ち家の魅力
…と、私たちは実家の土地に家を建てる展開になりましたが、そもそも持ち家の魅力って、なんでしょうね?
まあ、なによりも
自分の家
って言えることが一番かなあ
ローンをずーっと払っていくけど
自分の家にだからがんばれますよね
ひー
節約節約
自分の持ち物だから
あっ、苔?
ベランダ
高圧洗浄器を買ってまでもキレイに手入れをしたりします
ブシャー
ブー
買っちゃいましたよ
賃貸住まいは、いずれは出て行くから、と
愛着心もそこそこだったりします
どかっ
私だけか??

そして
あー、来月更新だ
2年ごとにある更新料がなんだか納得いかなくないですか？
10
その際、家賃を値上げされても文句は言えないし
上がるかなあー
そろそろくるんじゃない？
私たちの部屋は8年間、一度も値上げがなかったんですが、なぜか下の階の人は、更新のたびに上がっていたと言っていました。
ウチまた値上がり！
そうなんですか？
当然ですが、家賃を払い続けていても自分のものにはならないし
マンションのモデルルームを見に行ったときに、今まで私たちが賃貸に払ってきた金額を計算してもらったら
1千万近く払ってますよ
えー!?

それを
頭金に
できたら……
それほど単純な
話ではないけれど、
払ったお金は
もったいないなー、と
正直、思いました。
で・も
ホントは、
賃貸暮らし、
かなり好き。
今と違う街での
暮らしを
想像するのは
楽しいですよね
千住に
住んでみたい…
古くていい下町だよー
あと、
賃貸情報を
見るのが
すっごく
楽しい！
(なんで、
女の人って
あれが
好きかなー？)
お、ここいいじゃん！
ある
ファイナンシャル
プランナーによると、
〝家を買う〟
ということは
とてもリスクが高い
ことなんだそうです。
リスク＝
結婚して、
子供を育てて、
子供が結婚して……
その間は
じっと我慢で
賃貸に住み、
貯蓄を増やし
賃貸
10

老後、ゆっくり過ごせる家をつくるのがいいんだそうです。
まあ、でもねえ。思い通りにいかないのが人生だもんね
2人の子供が結婚しないで家にい続けたらどうよ？
ねえ、今日すき焼きがいい〜！
俺もー！
生活費入れろっ！
ぬくぬく
そうそう、歳をとれば、賃貸物件が借りにくくなるしね。
アパー
でも、30代で家を買ったとしても、35年ローンを払い終わった頃には、そろそろ家を建て替えなきゃ、ってことにならない？またお金借りるのかな？
どっちがいいのか、ぜんぜんわかりません。それぞれのライフプランによるんでしょうね。
一番確実なのは、宝くじ当てることかな？
一番不確実じゃね？

本気で展示場
さて、ひょうたんからコマ、といった展開で、二世帯住宅を建てることになった私たちです。
とりあえず、何をする？
住宅展示場めぐりでしょー！
さっそく近くの住宅展示場へ
オラオラ〜〜
山ハウ
ホントに家を建てたるど〜!!
パンフ持ってこいや〜!!
はっはっは！
はずかしいっ！
今までは家の建築計画なんか、まるっきりないのに
こんなごっつい吹き抜けにしたいわー
つけたらええやないか、ハニー
なんて、おおウソばっかついていたけど
こんどは本気と書いてマジですよ。
よし、好みのデザインの家を見よう！

重厚な日本家屋や
ベルばらっぽいお家はパス
どんなお方が住むのかしら
シンプルなデザインのハウスメーカーを見て回ることにしました。
受付でアンケートを書き
(建築予定の場所とか、予算とか、時期とかを書く)
パンフレットをもらい、豪華なモデルルームを見学し
気に入ったら、無料の図面をつくってもらいます

モデルハウスを見るとき、私はいつも
この家でいくらぐらいするんですか?
と聞いていました。まずは、値段が知りたいですよねえ。
そうすると、たいていのところは
五千万円以上は…
ふんげあっ!
ずるっ
…となります。
そんなの買えるかーー!
ムリムリ!
となりますが、いいんです、これは当然。
さーっ
あ!
だって、住宅展示場のモデルルームは、とっても豪華につくられているんですから
本体価格が坪50万円の家だとすると、モデルハウスは坪100万以上かけるのだそうです。
=坪50万
モデルハウス
=坪100万
だから、最初はびっくりするけど
こんなステキな家が坪50万で!?
それはちょっと違うらしい。モデルハウスはただ、うっとりさせるための場所なんですって

キッチンだって、
お風呂だって、
大きくて豪華なものが
設置されているでしょ。
ま、逆に
いかにも安っそうな設備だったら
お客さん来ないだろうし。
ちっちゃ!!
でも、
家をつくる
段階になれば
いろんな値段の
設備が選べるので
気にしないで
いいと思います。
ずっしり
よく、坪単価いくら、
っていう言い方
ありますよね。
ひと坪は
3.3m²
あれは、
建築費を床面積で
割った値段なのですが、
あくまでも参考の
数字なんですよね
床面積
÷
建築費
例えば、
キッチンもお風呂も
標準クラスの
設備で
家をつくると、
坪40万で
できます、
ということなんですが
標準
当然、
窓を多くつける
設計にすると
それだけお金が
多くかかりますし、

作り付けの棚をつけたい、ってことになったら、もっとお金がかかるので結果的に坪単価40万とはいかなくなります。
（大工さんの手作業になると工賃もかかって高くなる）
ですので、これから家づくりをする人は
どれぐらいの広さでいくらくらいの家ができるんだろう？
とすぐ知りたくなると思いますが、まずは、無料の図面をつくってもらうのがいいと思います。
だいたいの広さや希望のつくりが図面に反映されると、概算でも、おおよその家の値段が出てくるからです。
家づくりの本や雑誌も参考になります。実際に建った家の図面と値段が詳細に出ていて
おー、この広さでこの値段くらいか
イメージしやすくなりますよ。
そんなこんなで、いろんなハウスメーカーを見て回っていた私たちですが
ハウスメーカーのパンフ
それに比べて、私の両親のテンションの低さよ。
ね、ここの家もカッコイイでしょう
ふーん
ふーんて！

ホントに建て替える気あんのか？
ニャー！
なに見てんだよ!!
見てないって!!
これじゃあいかん！ちょっとその気にさせねば、と地元の展示場に連れて行きました
ブー
住宅
私たちが見てもわかんないよー
わからなくてもいいんです。大切なのはイメージです。心の中のビジョンです。
その中のひとつのメーカーに
母が動いた？
ん。んん？

ほっけハウス
地元の展示場で見たのは、軽量鉄骨工法の「ほっけハウス（仮名）」。
小屋裏3階建てが特徴。これが意外に…。
なんか、イイじゃん!?
気に入ったのはその〝小屋裏〟の部屋。
勾配天井がイイね！
僕の趣味の部屋にぴったりじゃない？
ステキな妄想が広がるよ！
想像にしておくれよ
妄想
想像
ハイジの部屋みたい？
そうそう！そんな感じ！
ハイジが立った！ハイジが立った!!
クララだよ！
ペーター
獣くさいっ！
ヤギのチーズ
妄想ストップ!!

小屋裏3階建てとは？
通常、天井裏に当たる部分を部屋にしたもの。
部屋の高さに規制がある。
小屋裏
2F
1F
一方、母も…
あら、これイイじゃない？
ほっけハウスの和風リビングダイニングが気に入ったのだ！
ベンチ
テーブル
シンク
居酒屋みたいでイイわ!!
和風モダンです！
ずる
赤提灯つけたらどお？ ビールサーバーも！
酒
それじゃホントの居酒屋
和風モダン…
そして、ここの若い営業くんのプッシュがすごい
とにかくとにかくお話だけでも聞かせてください、まずはこちらにお座りいただいて……
そうですね、わたくしどもの工法はなんといっても…
強度にこだわりのある、そして設計も自由な…にゃーごにゃーご!!

ごはんを待ってるネコみたいだな
ニャー
ニャー
ニャー
私たちの周りをくるくる回って離れない
おまけにこの営業くん、母の好きなTOKIOの国分くんにちょっと似ているのです。
いいじゃない、一所懸命で
にゃ〜〜〜ご!!
そんな雰囲気をかぎつけた営業くん、ここぞとばかりにプッシュ攻撃だ!!
ぜひぜひ、図面を作成させてください!! お土地の計測に伺わせていただきますっ!!
流れに押されて図面作成をお願いすることになった。
でも…
アンケート
この重厚な全面総レンガ張りの外観、好みじゃないいんだけどなあ…
でもまあ、父母が、少しでも家づくりのイメージができたんならいいんだけど。ちなみに父の意見は
こんなに大きい家はいらないよ
モデルルームと同じのができると思ってる

また別の日、
非常に失礼な物言いで
憤慨した例の…
ししゃもホームを
見に来てしまった※
※あの時とは別の展示場
そうそう、
あのクレームメールの
その後ですが、
2～3日後に、ふつーな感じの
謝罪のメールが来ました。
〃今後、一切そのような
ことがないよう、指導を
徹底していく所存です〃
みたいなね。
ふーん
ってカンジでしたけどね
んー、くやしいけど
やっぱり好みー
そうだねー
いらっしゃい
ませ！
先日のヤロウとは
うって変わって、
その営業さんは
とっても
感じがよく、
商品説明も
熱心に
してくれるのだ
やっぱりあいつが
ムカつくヤロウだった
ってことなんだね
そうだよね、
あんなんばっかりだったら、
この会社つぶれるよ
コソ
コソ
すんなりと無料の
図面をつくってもらう
ことにする
ありがとう
ございます！

では、思いつく限りで結構ですので、要望をピックアップしていただけますか？
そうか、今まで、どんな家にしたいかって具体的に考えていなかったよ。
ある程度、固めとかないとね

思いつくまま、書き出してみました

金額……家のみで2500万円前後
間取り……2世帯住宅で玄関のみ共通

親世帯

❶父親の部屋（和室　できれば2階にしたい）
※2階部分は、主に子世帯が使用するので生活動線に注意してほしい
❷母親の部屋（洋室）
❸LDK（和室＋洋室）
・キッチンは、対面式
・リビングダイニングは半分畳にしたい
・収納は多めに
・大きめの物置が欲しい
・一坪タイプのお風呂

子世帯

❶寝室（洋室）＋ウォークインクローゼット
❷夫の部屋（洋室　3階に）
❸妻の部屋（洋室）
❹子供部屋（洋室　3階に）
❺LDK（洋室）
・キッチンは、対面式
・ダイニングは畳敷き（6畳）にしたい
・つくり付けの本棚が欲しい
・2階はお風呂じゃなくてシャワールームで

二世帯共通部分の希望

・外観は、シンプルなデザインにしたい
・出窓をつけたい
・各部屋の収納は多めに欲しい
・2階のベランダは東南に希望。2世帯共通で使用したいので、親世帯から子世帯の部屋を通らず、出入りできる形に
・車庫は2台（親世帯はビルトインガレージにしたい）
・3階部分は「小屋裏」式を希望
・各部屋の照明はダウンライト希望

「思いつく限り、自由に」
と言われたので
その通りにし、
値段や広さも
雑誌などを参考に、
これくらいかなあ、
というプランを
出しました。
すぐに営業さんが、
要望書を取りに
来ました。
一週間くらいで
図面をお持ち
しますっ！
と言ったきり
彼からの連絡は
ぷっつり
なくなったのでした。
なんでー!?
実家の父母にも
挨拶に行っていたし、
一般に公開していない、
撮影用のモデルハウスも
見せてくれたし。
とっても熱心に
やりとりをしていたのに…
もう
どこの展示場に行っても、
ゼッタイ
ししゃもハウスだけは
見るのをやめようね、
と心に誓った私たちでした
ゼッタイ！
見ないっ!!
ししゃものカタログ

プッシュ激化
ほっけハウスの営業くん（TOKIOの国分くん似23歳）は、実家の敷地調査をちゃっちゃと済ませ、無料の設計図面作りに進んでいるらしい
すると、今までもかなり積極的だったプッシュ攻撃が
コレコレ
それそれ
ホラホラ
どどどどど
よりいっそう激しさを増した！
ウニャ――――ッ!!
それはなぜ？
国分くんによると
いやあ、家の営業はとっても難しいんですニャー
落ちつかせている
古ーいお宅を見かけても
お家、建て替えませんか？
ぼろだし
ムカ
なんてふうに営業できませんよねー
まあ、高い買い物だしね
（近所のファミレス）
ぼろって言うのが悪いだろ

ですので、まずは家を建てたい人にわが社の商品を知ってもらうことが必要です
なるほど
そこで先日、お土地を拝見いたしましたら
プッシュ理由その1
バス通りに面した五叉路の角地！
ココ
バス通り
目立つ！
その2
目の前がバス停留所！
その3
向かいにはレンタルビデオ店が！
レンタル
人通りがある！
そしてなにより、
わが社のこの商品がそのまま建てられる土地がある！
※建築の規制にひっかからないそうだ
つまりとても広告効果の高い場所だったのです
土地
おまけにご近所は、築30〜40年ほどの家が多く、今後の建て替え需要なども期待できる…！というわけらしい。

そこで国分くんは上司にしりをたたかれ、私たちのアパートに日参しているらしいのです
もう、大幅にお値引きしますかニャーッ！
まだ予算も決まってないよ！
ヒートアップする国分くんに比べ、引き気味の私たち。その温度差を感じつつも、話は進んでいくのでした。
この重厚なレンガ、好みじゃないんだけど…
数日後
にゃーっ！
ピンポーン
あ、国分くんがきた
図面をお持ちしましたー！
わー！楽しみー
1階、親世帯2LDK、2階、子世帯2LDK、の小屋裏3階2部屋の小屋裏3階建てのプランです
ふむふむ
えーと…

北側の一番日の当たらない和室が父の部屋？
そうです！
父は昼寝が好きなんで、あったかい部屋がいいかなあって言ったんだけど？
はいそうですねっ！
玄関の隣で、落ち着かなくないかなあ？
はい、ん、そおーうですねっ！
N
1F
玄関
1階も2階も、一番明るい東側にお風呂と洗面所？
そうです！
いちばん明るい方向
居心地いい場所はリビングのほうがよくない？
人通りがあるから、お風呂の窓は開けられないよ
ん、そおーうですねっ！
収納少なすぎない？1階部分だけでも、1、2、3…。これだけ？
はいはいっ！

……
気に入らないところがあったら、どんどん言ってくださいね！
ずるっ
ふはあああ!?
次にご予算なんですけどねッ！
ビシッ
進行、速っ!!
この商品でこの間取りですと
コソコソ
……万円くらいで
はあ？
……ごせんまんえんくらいで
なにいいいい!?

無理ですって！ウチの予算は伝えてあったじゃないですか！
できる限りお値引きはいたしますので！
それでも半額にできるわけないでしょう？
それは…そうですけど、あの、もう少し予算を増やせませんか？
1千万くらい…
どこにあるんじゃそんなお金っ
ホラ、お父様の隠し貯金とか…
あるんじゃないですか!?
はあああああああ!?
なんでキミが人の親の隠し貯金を期待しているのだ？言ってること、ものすごくおかしいだろう？
では…

私どものメーカーに決めていただけますかっ？
（ビックリしすぎて幽体離脱）
ぷあん
図面にも値段にも何ひとつ納得していないのに、そんなこと決めるわけないでしょうに。どうかしてるよ「ほっけハウス」
お見合い写真一枚見せられただけで、結婚はおろか、新婚旅行の予定や子供の名前まで決めちゃうようなもんだ
とにかく、もう少し検討させてください、間取りも一考してくださいとお願いしてその日は帰ってもらいました

しかし、なんであんなに焦らせるのか？
とにかく早く早く、って感じだよね
一生に一度の買い物を、たった何日かで決められるわけないよ
そのとおり！
値段もとても私たちに買えるものではないし、だいたい、あの好みじゃないレンガが、高い値段の理由らしいのだ
ずこり…
ただ、気に入っていたのは小屋裏3階建てというつくり。
おっ！このメーカーも小屋裏3階建てってのを出してるよ
HOUSE
さっそく資料請求ハガキを送ってみました
そしたら2日後、みごとなベース型をした営業くんがやってきた！
「塩辛ホーム」ですっ！

塩辛ホーム登場と ほっけハウス
塩辛ホームですっ！
ご請求いただいた資料をお持ちしました
あ、ありがとうございますー
あ、カッコイイですねー、これ
パンフレット
…でもー……
へ⁉
この商品、建てられない場合が多いんです
なぜいきなりマイナスアプローチ⁉
都市部だと建物の規制で建てられない場合が多いんです。まずは、敷地調査をさせていただけませんか？
ふむ。同じく小屋裏三階建てのほっけハウスも、そんなことを言っていたな。
いいですよ
こりゃぁ、やっぱり自分でもいろいろ勉強するべきだな。

というわけで塩辛ホームには、敷地調査と無料の図面をお願いしました。
軽量鉄骨のユニット工法だって
工場でつくったユニットを現場でポコポコ組み立ててつくるらしい
へえ いろんな工法があるんだね
家庭内LAN対応!
それ必要じゃん!
Pc
Pc
Pc
Pc
外観もシンプルそのものだし、私たちの印象は上々
でも実物が見られるモデルハウスは、一番近いところでも名古屋にあるという。
それじゃあすぐには見に行けないなあ
さて、数日後、ほっけハウスが…
ゴゴゴゴゴ…
動いた!!

国分くんが年配の上司と、インテリアコーディネーターを引き連れ（正しくは国分くんが連れられ）やってきた！
ぬお〜
契約とったる！の雰囲気ガンガンだ
な、なんだか負けそう…
空気に飲まれるな！向こうの思う壺だぞ！
kutsu HP 150/210 MP 30/50
Kayo 170/180 16/210
よろしくっ!!
はっはっはっは!!
まずは、先日の図面の手直ししたものを
あ、はいはい
あれ？
どこ変わった？

えー、収納が多少…
ちょっと増えてるけど、間取りはそのままですよね？
えーっと…
設計に相談します。どの部屋の位置を変えたいんですか？
ずたー
前回会ったときに、彼はちゃんとメモをとっていたけど…それを見ることすら忘れていたのか？ぜんぜんダメじゃん！
ふんふん
前回
テキパキ
私どもは、カーテンやカーペット、家具までトータルでご紹介しています
お好きなイメージはございますか？
ステキなインテリア見本
ていうか橋田先生！（橋田壽賀子に似ているから）私ら家買ったら、家具買うお金、残ってませんて!!
だいたい家の契約もしてないのに、家具のことなんて考えられましぇんて！

ここで年配の上司が口を開いた!
はっはっは、家具のことはまだ気が早かったですかねえ
ああ、このおやじはまともかも?
この状況をどうにかしてくれっ!
では…
6月までにご契約いただけますでしょうかっ?
ゴゴゴゴゴ…
はあ?
なんですって!?
なにか気になることがございますか?
はああ!?気になることだらけだっ!
やっぱり、ウチの予算では5千万円なんて、とてもとても

どうしても無理でしょうか？
すみません！
6月までにご契約いただけたら
…いっせんまんえんお値引きします！
いっせんまんて
これが値引きの限界です
「だからお客さまも予算の上限を限界まで上げてください」
要約すると、そんなことを言われました
どうもほっけハウスは、ウチの予算にはまだ余裕があるとふんでいるらしいのです。
（後日、父母のところにも、「頭金以外の貯金はないんですか」と、電話があったそうです）
でもさー、これって、すごく変でしょう？

ほっけハウスは
私たちが建てたい家じゃなくて、
ほっけハウスが建てたい家を
つくりたいだけみたい
私たちの要望は
なにも聞かないまま、
契約はしてくれ、
というんですから。
後日、
返事を聞きに来た国分くんに
ごめん
なさい
お断りしました
ウニャーー！
それから数日後、
塩辛ホームのベースくんが
図面を持ってやってきた
塩辛ホーム
ですっ！
んんっ!?
この
間取りは!?

塩辛ホームに図面依頼。
コ、これは!?
小屋裏3階建てプランです
ほおほお
お、北側玄関の横にビルトインガレージ
これは父の車用の駐車スペース。屋根付きが父の希望だったのです。
あれっ、でも一番日当たりのいい場所に洗面所とお風呂。
日当たりいいとこ
なぜここにつくりたがる?
それになんだか間取りが四角っぽいのだ。部屋を四角く切り取って、残りを廊下にしちゃった感じ。
だから廊下がカクカクしていて、すっきりしていない。
玄関横の階段を上ると2階に…
ん?

ベースくん
これはなあに？
はい？
どれですか？
これ。
階段上がった
正面にあるの
えーと、ん？
これは…？
この記号は確か
アレだよね？
そ、そうですね。
アレですね
なんで
階段を上がった
目の前が
洗濯機置き場なの
普通に考えても
ヘンですよねえ
なんで階段上のような、
目立つところに
生活感まるだしの
洗濯機を置きたい？
北東の角
フロ
しかも、お風呂は
離れた場所。
洗濯物を脱いだら、
洗濯機置き場まで
持っていくことに
なるよね。
←こんな感じ？
ごうん
ごうん
ぎゃっ！

これ、本当にプロの設計?
おまけにもっとあきれたのは、ベースくんがこの図面を見たのが、今が初めてらしいこと
こ、これはおかしいですね。直させます
これがちゃんとしたプランだとはとても思えないですつくり直してきてください。お話はそれからです。
ずーーん
アパート
いや、あれは…
ないよね――
俺たちフリーランスの人間が、あんなプレゼンをしたら、二度と仕事なんか来ないよ
たしかに…

あれはプロの仕事じゃないよね。どんな体制で仕事をやっているんだろう
さて、その一週間後
ピンポーン
つくり直した自信満々の図面を持って、ベースくんがやってきた。
塩辛ホームですっ！
しかも、若い上司と設計士と一緒に！ほっけハウスのときのように、「契約とったるっ！」の空気がムンムンだあ！
ベース君
設計の人
若い上司
まずは、この立面図をご覧くださいっ！
おおっ⁉
無料の図面は間取り図だけなのに、今回は手をかけて、立面図までつくってきましたよ。しかもなんだか…カッコイイ！

屋根は濃い藍色。外壁はグレーッシュなクリーム色。窓枠、ドアは黒。
クールッ!!
あざー――っす!!
1階も2階も、リビングは日当たりのいい東側に変更されていて、いい感じです
いいですねえ
この東側のここは……
キッチン横の**ベランダ**です。ごみを置いておけます
隣のここは…
リビング側の**ベランダ**です
その上のここは…
3階東側の**ベランダ**です
2階の寝室にも
幅5メートルの広々とした**ベランダ**です
もうひとつ3階の南側にも
日当たりサンサンの**ベランダ**です!
4

そんなにベランダ使うか？
でもカッコイイからいいか！ベランダイエーイ!!
イエーーイ!!
施主さんがデザイナーということで、外観重視でつくりました！
住みやすさ重視じゃなきゃダメでしょ？
家は暮らしやすいのが一番のはずだけど、そのときは、カッコイイ図面をうれしく思ったのでした。
はっはっは…
では…
こいつを男にしてやってもらえませんか！
はいっ!?
がばっ
うっ
すでに立派な男に見えるんですけど！
えっ!? 女!?
そうじゃなくて!!

こいつは若いけど、イイヤツなんですよ
見かけは見事な四角ですけど、心は丸い優しいヤツなんです
先輩…
いや、言わせてくれっ
目の前に、道に迷ったおばあさんがいたらどうします？
え…
道を教えてあげ…
この東京砂漠では誰もが見てみぬフリです！そうに決まってる！
ばっ!!
ところがこのM村は、必ずおばあさんを目的地に連れて行ってあげます！おぶって！
えら―――いっ!!
…………
…………
7月末までに契約していただけますでしょうか!?
どういう話の展開!?

こいつは今年で2年目なんですけどね、そろそろ大きな仕事をさせてやりたいんです。こいつに仕事を担当させてやってもらえませんか!?
えええ——っ? どういう説得の仕方なのそれ?
たしかにベースくんは心の優しい、いいヤツなのかもしれないです、先輩。
でも、私たちはむしろ、責任のある仕事をしたことがない人に、一生に一度しかない家づくりを、任せたくないです、先輩！
だってそれって、尻毛も生えてねえ、ヒヨッコってことじゃねえすか!?
ピョ
ピョ
たしか、ほっけハウスの上司も、そんな言い方をしていたな「彼にもそろそろ責任のある仕事を…」
この業界では、こういう説得の仕方って、普通なんでしょうか？
7月中に決定していただければ、ご提示の予算まで、お値引きいたしますっ！
ええっ!? 本当に!?

どうするどうする？僕らの予算でこれが建てられるの？
マージで〜〜??
でもでも、私たちには、確認しなくてはいけないことがあったのだ。この塩辛ホームの、ホンモノをまだ一度も見たことがないのですよ！
塩辛ホームの拠点は、中部地方です。この小屋裏3階建ての商品は、名古屋まで行かないと見ることができないのでした。
エビフリャー
あんトースト
なかなか時間がとれなかったこともあり、今まで行けないでいたのですが、
こうなっては、行かねばなるまい!!
次の祭日に、ベースくんに連れて行ってもらうことにしました。
そしてこの後、私たちの家づくりは、大きな転機を迎えることになるのでした。

塩辛ホームのモデルハウスでびっくり
おはようございますっ!
いい天気でよかったです!
ほんとに!
よろしくお願いします!
今日は祭日。塩辛ホームの小屋裏3階建ての実際のモデルハウスを見に行くのです。
前の晩……
予算も合わせてくれるっていうし断る理由がないよね
図面もかっこよかったし
き〜め〜ちゃ〜う〜!?
そう、心の中ではもうすでに、塩辛ホームで決定!していたのです。
行きの車内も、和気あいあいな雰囲気
いいねー、この車新車でしょ?彼女とか乗っけて?
いやあー、僕はまだまだ…
またまたあ
2時間ちょっとでN市の住宅展示場に到着。

やっぱり都内と違って広い！
知らないメーカーがたくさんあるよ
それに和風なお家が多いねえ
地方だと和風な家が好まれるのかな？
外から見ただけでも、ステキな雰囲気だったのですごーく中も見たかったけど、ベースくんの手前、見学はやめておきました。
見たいんですか？
じーっ
あれが塩辛ホームの小屋裏3階建てです！
おお！わあっ！
だーーーーーん!!
あれ？
なんか変だな？確かにこれがパンフレットに載っていたものに間違いないんだけど…

……
……
プラモデルっぽい？
近くで見たら……
コテ
コテ
やっぱりプラスチックっぽい!!
石っぽく見えた外壁
これ、あぶったら溶けるよきっと
ボー
ライター
こらこらっ
ずるっ
これ…ゴム？
あらっ!?
なんか出てきた
ずるずる
壊すなよ!!

家の中に入って、基本的な仕様をチェックしよう
わあ、キレイな色のフローリング
ベランダが広くていいですね
いや、ちゃんとチェックしようと思っていたんですが
あっという間にそんな気持ちがしぼんでしまったのでした
しゃ〜〜
だって、あまりにも写真うつりが良すぎ!
おいおい、きみはだれだ!?
お見合い
私とくっちゃんは口には出さずとも
これはナシだわ…
と思っていた。
なにがどうしっくりこないか、というと…
外観はなんだか軽そう…
に見えるし
中もなんだか壁薄そう…
ハア…!!!
に見えます
安っぽい感じがするのです。

きっとベースくんにもじんわり、その空気は伝わってしまっていたと思います。
だってさっきまであんなに楽しそうだったのに…！
ああ、いまでは私たちどうしてこんなによそよそしいの♪
ジャカジャカ
会話もだんだん…少なくなってしまいました。
展示場を出て、近くのおそばやさんへ
そば
いらっしゃいませー
なににしますか？
あ、じゃあ天ぷらそばで
………（会話なし）
そこはお母さんとお嫁さん、2人で切り盛りしているお店でした
お待たせしましたー
あ、おいしい
うん、おいしい！

こっちはソバの産地とかじゃないですよねえ？
…さあ…どうでしょうか
あれ？おそば、食べないんですか？
あ……
たべてない
私、ソバアレルギーなんです
えぇー？なんでソバ屋はいった!?
ご飯ものもありますよ
じゃあカツどんください
な、なんだろ？お客さんとお店に入ったときには同じものを頼む決まりでもあるのかな？
だとしたら、よくわからない気の使い方だなとか思いながらまた言葉少なになり
私たちは別れ話をする男女のような、きまずい空気につつまれていったのでした。

翌日
はい、いろいろしていただいて、申し訳ないんですが…
丁寧に断りました
は――っ
家をつくることが決まって4ヶ月、たくさんのハウスメーカーを見てきましたが
話を進めていた会社は、すべて断ってしまいました。でも、キチンと納得する前に、「とにかく契約を」と先走るメーカーにはうんざりでした。
たくさんたまったパンフ類
HOUSE
さて、どうしようかねえ
うーん
…家、つくれなくてもいいかもね

● 2章 ●

そもそも、家ってどんなのがある？

家の工法ってどんなのがある？
さて、ここまできて私も…
買う側も勉強しなくちゃだめじゃん？
たのむねー
と思うようになりました
建築当時もそうでしたが、今回の書籍化にあたり、シロウトの私の知識だけでは、読者様に申し訳ない
そこで、家づくりのプロ、小野信一先生にお話を伺うことにしました
よろしくお願いします！
◎小野先生プロフィール
施主側の立場にたった住宅コンサルタント会社、ネクストアイズ（株）を設立。代表取締役。著書に家づくりのノウハウを満載した「家づくり必勝法」（NHK出版）がある。
家づくり必勝法
家づくりは人生最大のイベント
さあ、夢を
生活人新書
では、まず家の工法について説明しますね
工法っていうのは…？
家の建て方、建てる構造のことです
家の工法は、大きくわけて軸組み工法（柱で支える）と壁式工法（面で支える）の2種類です
柱
で支える
面
で支える
えっ？２つだけなんですか？
そう。その中で各メーカーによって特徴があるけどね
次のページから、主な工法について紹介します

木造軸組み工法

日本の伝統的な家の建て方。
木造住宅の多くはこの工法で建てられている。

●長所：設計の自由度が高く、増改築もしやすい
・柱など構造体に無垢材を使用することが多く、健康によい
・通気性に優れている

●短所：燃えやすい
・輸入材など材料にばらつきがある
・構造的強さは筋交いによるため、筋交いのバランスが大事
・柱、梁、筋交いは補強金物などが必要なので注意する

◎地場の工務店に多い

住友林業、一条工務店、東日本ハウスなど
参考本体価格：坪40万～60万円

※参考価格には、照明、カーテン、外構、建築にかかわる諸費用は算入しません。(以下同様)

2×4《ツーバイフォー》工法

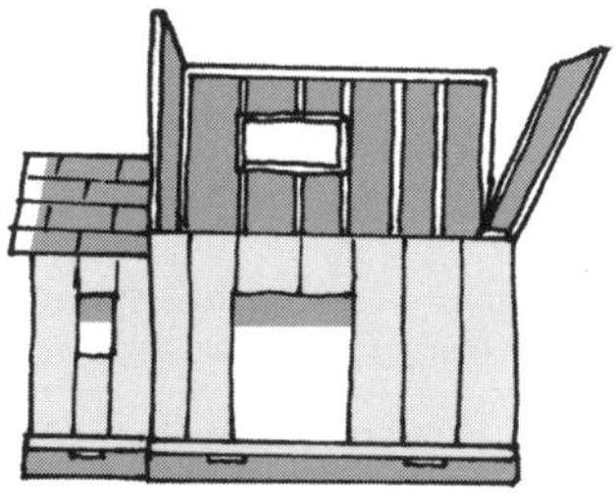

２インチ×４インチの角材が使われるところからそう呼ばれる。壁や床などの「面」で家を構成し、箱のような構造になっている。

●長所：耐震性に優れ、気密性や断熱性が高い
　→シックハウス対策が必要
・現場での生産性が高い
・構造部材の継ぎ手・仕口は簡単で、釘・金物によって緊結される
・大壁式であり、耐力性能、断熱性能を向上させやすい
・鋸と金槌の工法なので熟練した職人が必要でなく、工期も短い

●短所：輸入工法のため、施工方法を知らない人が造ると欠陥住宅になることがある
・大空間がとりにくい　・室内の音が伝わりやすい
・壁で強度を持たせているので、増改築がしにくい。
・設計の自由度が少ない　・屋根を葺くまでの雨対策が必要

◎輸入住宅を扱う工務店に多い

三井ホーム、三菱ホーム、住友不動産、スウェーデンハウスなど
参考本体価格：坪50万～70万円

木質パネル工法

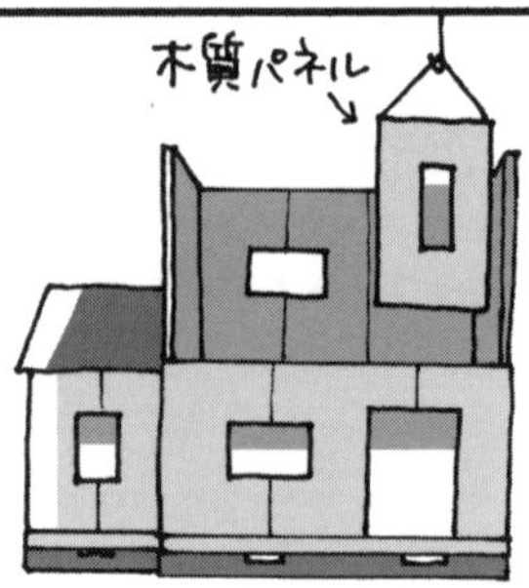

2×4工法と同じく壁構造。
床、壁、天井を規格化したパネルとして工場で生産し、現場で組み立てる工法。

●長所：部材を工場で作っているので、品質・価格が安定している
・工期が短い
・耐震性に優れ、気密性や断熱性が高い。→シックハウス対策が必要
●短所：設計の自由度が少ない
・壁で強度を持たせているので、増改築がしにくい
・パネル設置にクレーンを使用するので、車が入らない敷地は施工が難しい
・輸送費がかかる

ミサワホーム、エスバイエルなど
参考本体価格：坪50万～60万円

軽量鉄骨ブレース構造

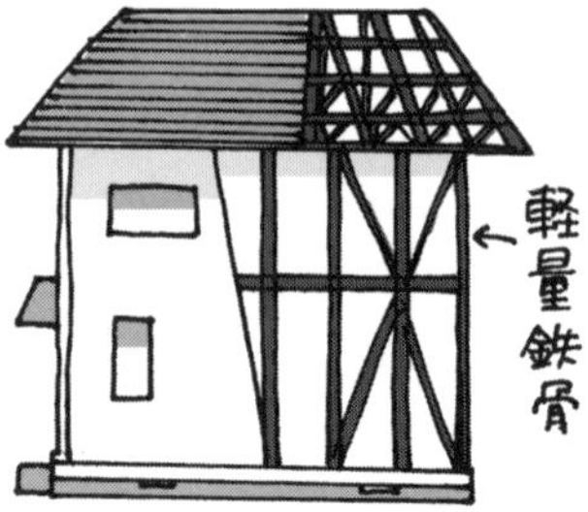

軽量鉄骨を柱、梁として使用している。
木造軸組みの軽量鉄骨版。

●長所：設計の自由度が高い
・鉄筋コンクリートに比べ、軽量で経済的
・材質的に均一なものが大量生産できる
・工場生産のため、精度が高い
・工期が短い
・家の造りは強固で、耐久力、耐震性も高い
●短所：火に弱い
・鉄の部分でヒートブリッジが起こりやすい※
・鉄の部分がさびに弱い

セキスイハウス、パナホーム、ダイワハウスなど
参考本体価格：坪60万～70万円

※外壁と内壁の間にある鉄やコンクリートなどが熱を伝える現象のこと

重量鉄骨ラーメン構造

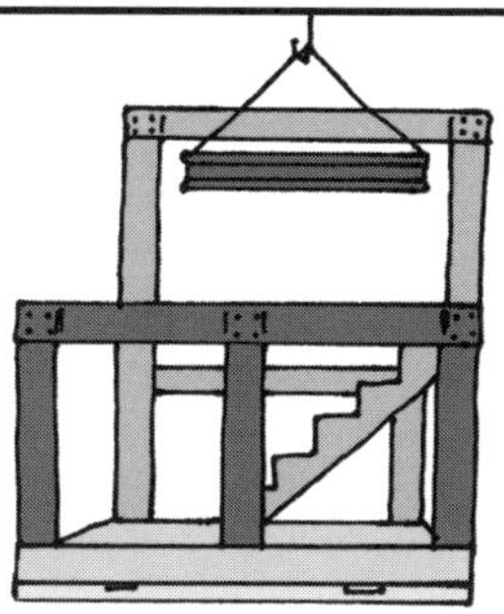

4ミリ以上の鉄骨を使い、各部材が接合部で一体化するように剛接合した構造。
ラーメンとは、ドイツ語で剛構造のこと。

●長所：耐久性・耐震性に優れる。大開口など、自由な空間づくりが可能。
・将来の増改築も容易

●短所：内部結露、鉄の部分がさびに弱い

ダイワハウス、パナホームなど
参考本体価格：坪70万～80万円

鉄骨ユニット工法

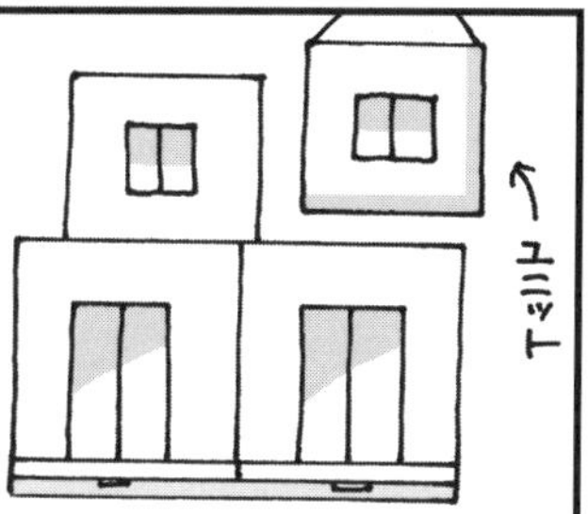

部材を工場で生産・加工し、現場で組み立てる。
ユニット系、木質系、鉄骨系、コンクリート系などいろんな種類がある。

●長所：
・工場生産のため、精度が高い
・工期が短い

セキスイハイム、トヨタホームなど
参考本体価格：坪60万～70万円

PC（プレキャストコンクリート）工法

コンクリート部材（壁、床など）を工場で製作し、現場で組み立てる。

●長所：
・強度がある

●短所：
・壁で強度を持たせているので、増改築に向かない。
・高気密・高断熱になるので、シックハウス対策が必要。

大成パルコンなど
参考本体価格：坪70万～80万円

いろいろ特徴があるんですね
あべさんが図面を頼んだのはどこですか？
えーと、木質系パネル工法と軽量鉄骨工法とユニット系プレハブ工法
みごとに全部違いますね！
そこを選んだ理由は？
えーと、出会いというか、縁というか、なんというか
えへ
ま、なんとなく？
何も考えてなかったでしょ
ハウスメーカーを選んだ理由は？
えーと、出会いというか、縁というか
何も考えてなかったんだね
では、次のページでは、工務店、ハウスメーカー、建築家の特徴を紹介するね
ヤホウ！待ってました!!

工務店の家づくりってどんな？
じゃあまず、〝工務店〟っていうと、どんなイメージを持っています？
うーん
昔ながらの親方がいてー頑固親父でー、べらんめえでー
ふんふん
若い職人を何人か雇っててー、いつもカンナの使い方を教えていてー
このアホタレ！
ゴス
すいやせん!!
で、若い職人と孫娘がいい感じになっちゃってー、
ノコギリひとつ満足に使えねえヒヨッコがふざけんなー!!
おじいちゃん、話を聞いて！

うっぷ…
!?
おめえ まさか…
いや、俺 なんにもしてないっす!!
きゅ～
いや、さっき カツどん ラーメンセット 食べて 苦しいだけ…
おまけに大盛り
妄想すとおおおっぷ!!
あれ、なんの話でしたっけ?
まずね、大工の棟梁が職人をかかえていることは、めったにありません
大工は基本的に自由業ですから、いくつかの現場をかかえているのがほとんどです
へえ、じゃあ工務店の仕事って?
現場の職人を束ねる、現場監督の役割ですね
工務店
職人

工務店に施工を頼んだ場合

長所

主に地元で仕事をしているので、施工、完成、引渡し後もメンテナンスを大事にする（3～5人の家族経営の場合が多い）

広告宣伝費をかけないので、一般的に価格が安い

見積書の内容も柱1本の単価まで出るくらい詳細で明瞭

最初の窓口から引渡し後のメンテナンスまで、担当者が同じなので、コミュニケーションがとりやすい

ハウスメーカーのように、標準仕様の設定がないので、後からオプションで追加費用がかかるようなことがない

施工の制約事が少ないので、施主の要望が第一でこだわりの希望がかないやすい

契約時の見積もりがほぼ最終価格になる

短所

一般的に会社規模が小さく、不安に見える（→逆に家族経営なので、不景気には強い）

施工図がメインの設計士が多く、デザイン、内装設備などの提案力が弱い

ショールームなどがないので、家のイメージがつかみにくい

人数が少ないので、プランや見積もりに時間がかかる

相続、贈与、税制など、資金面に関する支援態勢が弱い

各建材や水回りの商品などを自分で探したり決めたりするので、時間と手間がかかる

今のところ、自分で好みの工務店を見つけるのは難しいかもしれません。情報を得るのは、インターネットのみといってもいいかも
PC
でも、情報発信がうまくなくても、施工の腕前はすばらしい工務店さんもたくさんあります
ふむ
みなさんのお近くでも、信頼できる工務店はきっとあると思います
まめに情報収集することですかね

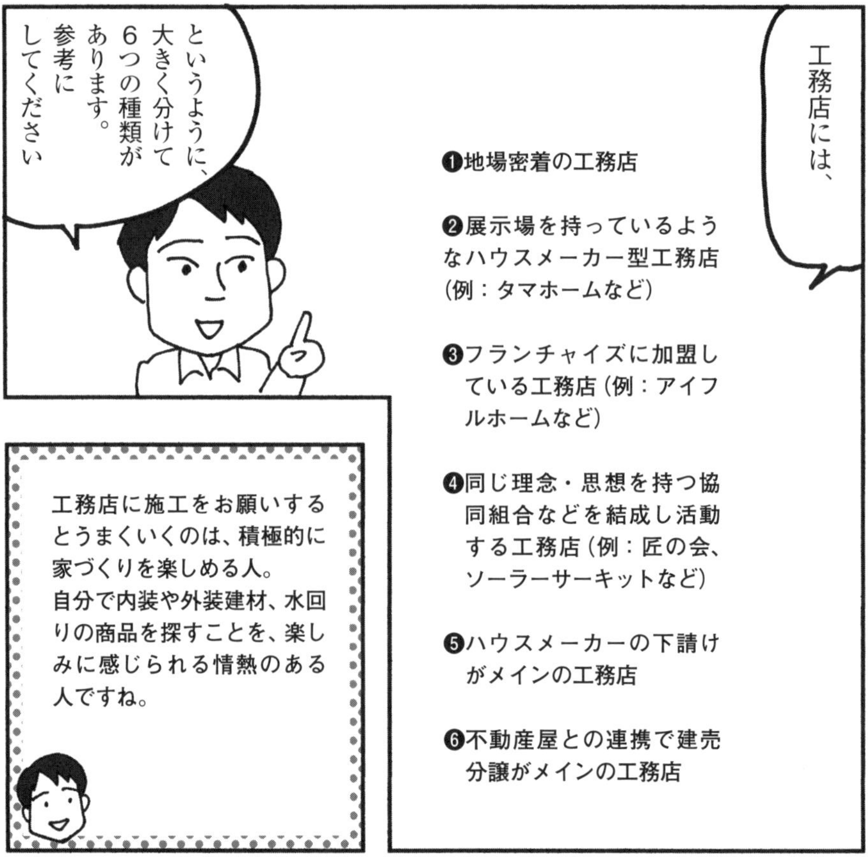
工務店には、
❶地場密着の工務店
❷展示場を持っているようなハウスメーカー型工務店（例：タマホームなど）
❸フランチャイズに加盟している工務店（例：アイフルホームなど）
❹同じ理念・思想を持つ協同組合などを結成し活動する工務店（例：匠の会、ソーラーサーキットなど）
❺ハウスメーカーの下請けがメインの工務店
❻不動産屋との連携で建売分譲がメインの工務店
というように、大きく分けて6つの種類があります。参考にしてください
工務店に施工をお願いするとうまくいくのは、積極的に家づくりを楽しめる人。
自分で内装や外装建材、水回りの商品を探すことを、楽しみに感じられる情熱のある人ですね。

建築家（設計事務所）の家づくり
ってどんなよ？
では次に建築家については、どんなイメージですか？
うーん…
なぜかマオカラーのシャツを着たがる！
えりなしマオカラーもしくはタートル
う…確かに！
トイレや風呂をガラス張りにしたがる
まる見え…
部屋の照明はちっちゃいのが好き
確かにそういう人もいますねえ
ガラス張りの風呂掃除のことを考えると、夜も眠れないですよ！
…すげえヨゴレが目立つから!!
湯垢
せっけんかす
黒カビ
そうなんだ…

建築家に施工を頼んだ場合

長所

工事に何の制約もないので、建築主本位のこだわりを追求できる

個性的な設計、デザインをしてくれる

見積もりのチェック、予算・スケジュール・施工の監理をしてくれる

建築主の代理人として施工業者との間に立ち、トラブル処理をしてくれる

詳細図面が出た後に最終見積もりを出すので、後からの金額の追加がほとんどない

施工図面の枚数が多いので、その後の増改築の際に便利

短所

敷居が高く、相談しにくい

契約後に詳細な図面を出すので、施工に至らなかった場合、設計料が無駄になる場合がある

設計の契約時の予算と、詳細設計後の見積もりの金額が合わない場合がある

施主の家というより、建築家の「作品」をつくられてしまう場合がある

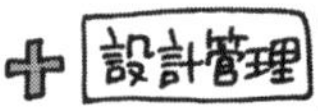

工務店、ハウスメーカーと比べ、設計管理料分、一般的に費用が高くなる

打ち合わせ開始から着工まで平均6ヶ月。打ち合わせに時間がかかる

好みの建築家さんを探す方法はありますか？
最近ではHPを持って情報発信している建築事務所も多くありますね。家づくりの雑誌なども参考になると思います
ただ、僕はネットコンペはお勧めしません
ネットコンペ？
ネットコンペとは？
施主
建築家
インターネット上で、家を建てたい人と建築家をつなぐマッチングシステム。複数の建築家に設計を提案してもらい、気に入ったものがあれば実際の契約を結ぶ。
建築家の登録数が多いところでは4千人もいるのだそうです。いろんな提案が見られそうで、いいような気もするけど…？
参加している建築家は、若くて経験の浅い人が多く、中にはプロとは呼べないような仕事をする人もいます
ええ？
例え基本的な図面は描けても…
なんだこの図面は？
施工担当の大工さん
図面

こんなに納まりの悪い建物つくれるか!
えええー? そうなの?
実際に建てられない図面だったり
つくってみたら、カッコイイけど雨漏りのする家だったり
「すごいイケメンなのに九九ができない彼氏」みたいな?
その例えはどうかなー…
でも、実際にそんな事例もあるので、僕はお勧めしませんね
そんな仕事はお断りですよー
それと、これは建築家、工務店両方に言えることなんですが、得意分野をキチンと知っておくことが大切ですよ
得意分野?
私、意外と深海生物に詳しいんですよ!!
しんかい6500
ユメナマコっ!!
それはまた別の機会にっ!!
400～5500ｍの深海に生息
深海性ナマコの一種

施工例を見せてもらえば、そこがどの工法が得意としてるかわかります。鉄筋コンクリートの家を建てたかったら、その工法が得意なところに頼むと安心です
建築士にお願いするといいのは、どんなタイプの人ですか？
独創性のある家づくりをしたいと思っている人ですね
それと、ゆっくり、じっくり取り組める人、お金と時間に余裕を持てる人にお勧めですね
なるほどー
お金…
あと、スケスケのトイレでも大丈夫な人ね！
そういう家ばかりじゃないですからね！
ハウスメーカーの家づくりってどんな？
次にハウスメーカーについて。あべさんがハウスメーカーを選んだのはなぜですか？
モデルハウスを見るのが楽しかったから！
なるほど、そういう方も多いですね

ハウスメーカーに施工を頼んだ場合

長所

会社の規模が大きく、ブランド力がある

展示場やカタログなどで、イメージがつかみやすい

資金面の相談から、引越し・仮住まい探しなどにも対応できる

アフターメンテナンスなど、サービスが充実している

デザイン力があり、プレゼンテーションが早く、わかりやすい

品質が安定していて、施工もしっかりしている

短所

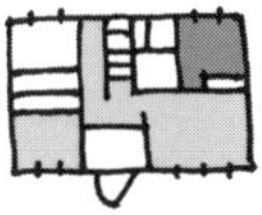

プラン・仕様などがあまり自由ではない

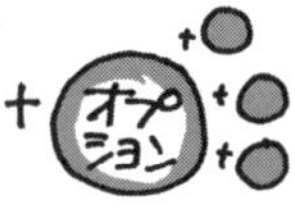

仕様設備には標準・オプションの設定があり、追加変更で金額が増えることが多い

広告宣伝費、人件費がかかるので価格が高い

会社は利益第一、営業マンは歩合制なので、営業が強引になることもある

見積書は一式という書き方が多く、詳細がわからないことがある

実際に家を建てるのは下請けの工務店なので、技術の差がある

ハウスメーカーが向いている人はどんなタイプですか？
家づくりのための時間と手間ひまをあまりかけたくない人ですね
資金面の相談から、受け渡し後のメンテナンスまで、いろんなサービスを受けたい人にも、ハウスメーカーはお勧めです
お任せできるのはいいよなー
ところで先生、ハウスメーカーはなんであんなに契約を急ぐんですか？
ノルマがあるから…
え？
例えばひとつの営業所で年間50棟契約を取る、というノルマがあります
年間50棟 ÷ 12ヶ月
= 4.1棟／月
12ヶ月で割ると、1ヶ月平均4.1棟の契約です
営業が6人いるとすると、1人1ヶ月0・7の契約。少なくても2ヵ月に1棟は契約をとらないといけない
0.7棟／月
0.7棟／月
0.7棟／月
0.7棟／月
0.7棟／月
0.7棟／月
できる営業は難なくこなすかもしれないけど、経験の浅い営業はそうもいかない。
先月も契約とれなかったし…
上司には怒られるし…
ボーナス出ないかも…
ハア〜

となると…
なにがなんでも契約してくださいっ!! ほれほれっ!!
となりますよね
施主
ハンコ
契約書
はがいじめは しないけどな
四半期の6、9、12、3月、特に年度末の2月、3月はなんとかノルマを達成しようと大変
あと10棟なんとか決めろーー!
営業部長
大幅値引きしてまでも契約がほしいからがんばります
えっ、じゃあ逆に2月3月は値引き率が高い?
そういうメーカーが比較的多いですね
わあ、じゃあ契約するなら2月3月がお得!
OTOKU
でも、契約時期が一緒だと、着工時期も重なるので、忙しくて工事も雑になりやすい
現場がたくさん
職人さんが足りなくなる
2月契約
7月着工
だから、2~3月に契約をした人は、現場が落ち着いた頃、7月くらいに着工するのがベスト
へぇー! 奥さん、今のすごいお得情報よ!!
OTOKU

あと、ヘンな図面を持ってくるメーカーもあって、ほんとに設計士がやってるのかな、と思ってたんですが
やってないです（もちろん全部とは言いませんが）
げっ！そうなの？
設計
営業
ハウスメーカーでは、ひとりの設計士が、3人くらいの営業の仕事を担当します。無料の図面依頼をとってくるノルマが月3〜5件。図面の修正は3回までと仮定します。※単純計算すると…
※3回目には契約をとれるようにする
修正図面 × 無料図面 × 営業3人 =27枚!!
これだけで合計27枚もの図面を描くことになります
げっ！
設計士の仕事はそれだけじゃありません。契約の決まったお客さんの、図面や、書類作成、検査の立会いも数回あります。
物理的に無理！
ですよね
だから営業が図面を描く場合も多いです
できるかッ!!
えええ――――!? なんかだまされた気分！“無料図面”なんて、シロウト仕事なんだからタダで当然じゃん！

でも、それも営業によるんです
どういうことですか？
例えば、10枚図面を書いて契約が2件しか取れない営業Aさんと、8件取れるBさんだったら、Bの仕事をしたいですよね
Bさん
Aさん
8割
2割
（契約が取れると社内的に設計士の評価にもぐんと影響する！つまり、給与、賞与に影響する！）
営業Aさんの仕事は気合がはいらないけど、Bさんの仕事は最初から契約につながるように、キチンとした仕事をする
↑だってアイツ契約とれないし…
↑こっちを気合入れてやっとこ！
設計
だから**ハウスメーカーは、営業がすべて**と言われるんです。仕事のできる営業には、いい設計、いい現場監督、いい下請けの工務店がセットになっています
じゃあ、できる営業に会う方法は？
それは…偶然の出会いとしか
きゅん
偶然の出会いだあー？
センパイ
女学生の恋バナじゃないぞ！てっとり早く会わせてくれっ！
でも、近づける方法はあります！

最初から気に入ったメーカーがある場合…
ぷっくりホームで建ててみたいな
モデルハウス
ぷっくり
いらはいまへー
わあ！びっくり！
こういう場合
ぷっくりホーム営業
ぜったいアンケート用紙を書いてはダメ！
えーっ、なぜ？
あなたの家の担当がこの営業になってしまうから
そうなの!?
※一度担当が決まったら、別の展示場で気に入った人がいたとしても、営業は変えられない（営業所同士で成績を争っているから、他のところに仕事をゆずるようなことはしない）。
…で今日はなに？
ゲっそり…
モデルルームに営業がいない場合でも、アンケート用紙を書いてはダメ
またまたなんで？
その営業所の経験の浅い営業が担当になってしまうから
忙しいから仕事がえらない
できる営業
ヒマなので仕事が回ってくる
経験の浅い営業
ひえー

じゃあ、気に入っているメーカーで仕事のできる営業に出会おうと思ったら？
何度も、その会社のいろんな場所のモデルルームに行ってみることですかねー。
この人なら!!
と思ったときに、初めてアンケート用紙を書く
すると この人が 担当営業になる
なんだか雲をつかむような話だなあ
逆に、見学はしたけど、興味を持たなかったメーカーには、きちんとアンケートを書くこと。
へぇ!? なんでですか？
書いた上で、「興味を持てなかったので、施工をお願いすることはないです」とハッキリ伝えることです。可能性のないお客さんのところには、営業は行きませんから。
No thank you!
ハッキリ断らないと契約の可能性があるかもしれないと思って、〝夜討ち朝駆け〟をせざるをえません。
へえー…奥さん、この本、勉強になるわねえ
ピンポーン!
でも…ねえ…

お客さんの話も
ろくに聞かずに
とにかく契約!
とか
いいかげんな
図面をつくったり、
とか
welcome
なんで
そんなことを
するのかと、
思っていたん
ですが、
裏を返せば、
利益追求を
突き詰めた結果、
当然そうなった
というのが答えでした。
利益追求
まあ、考えてみたら
営業にノルマがあるのは、
当然のことなんですけど。
私はそういう仕事を
したことがないからな、
私の世間は甘いな、
なんて
思ったりしたのですが
ちょっとヘコんだ
いや、違うだろう!
家を、
つくるのが
仕事なら、
お客さんのことを考えて
あげるのが当然でしょ。
報酬を手にすることが
一番じゃなくて、
お客さんが
喜んでくれることが
一番でしょ。
だって、夢のつまった
家づくりを任せる人が、
「夢よりまず
お金ちょうだい」
じゃあ
あんまりにも
萎えるよねー

土地探しからはじめる人は？
先生、次に土地探しからはじめる場合なんですが…
そもそも都市部で土地を買うことってできますか？
できますよ。でもまず初めに…
土地を紹介してくれる不動産業者の特徴を知りましょう
1 大手不動産業者
三井のリハウス、住友のステップ、東急リバブルなど、テレビや新聞広告などでおなじみの大手不動産業者。
地場の不動産業者がフランチャイズで加盟している場合も多い。
白鳥レイコでーす
なんてな
大手の特徴は、営業が売却客優先のところが多く、購入客に対するフォローまで、手が回らないこともあります。
売り手
買い手
土地の情報が欲しいと相談に行ったとすると
〇〇不動産

決まったフォーマットの書類を何枚かファックスで送って終わり、という営業スタイルがほとんど。
真剣に毎日でも新しい情報が欲しい、という人は不満に思うかも。
これだけ？
2 地場の不動産業者
駅前にあるような昔ながらの地場の不動産業者
○×不動産
訪ねるのにちょっと勇気がいりそうだけど、地場で長年やっているところは、誠実で親切ですよ
もし、住みたい場所が決まっているんだったら
吉祥寺周辺がいいなあ〜
住みたい町の不動産屋さんを徹底的に回るのもひとつの方法です。
A不動産
B不動産
土地・建物
C不動産
連絡先を教えておけば、地場特有の情報や、未公開の掘り出し物の情報を教えてくれることもあります。

3 建売業者
建売をメインにしている不動産業者。もしくは、建築業がメインで、建売または建築条件つきを中心に土地の売買をしている業者
相続、贈与などの問題で、早く売りたい土地や、競売物件の入札などで安く買った土地を分割して、建売や建築条件つきで売り出します
古家
更地
新築
利便性がよく、値段も安く、外観もおしゃれな感じで、飛びつく人が多いです。
♡カワイイ!
2950万円
でも、原価を抑えて利益を追求するので、欠陥住宅などのトラブルになる例もあります
うーん、安いのには理由がありますよねー…
4 ハウスメーカー
まだ土地がない段階でモデルハウスに来た人に、不動産免許のある子会社を通じて、土地を紹介するケース。
〇〇ホーム
ハウスメーカーで、土地も紹介してくれるんですか
ええ。でも、家の建築が商売ですから、土地を紹介して、「家はウチで建ててくださいねっ!」っていうのが目的です
しらなかった

でも、実際は土地購入が決まっても、そのメーカーで建ててくれる保証はないので、営業もあまり熱心には動かないのが実情です。
やくそくしてないし…
そんなっ
ガーン
ハウスメーカー
お客さん
5 幽霊不動産業者
ゆうれい!?
オカルト好き
ホーンテッドマンションみたいな!?
それじゃ楽しそうでしょ!
電柱に看板を巻いて物件情報を出しているような業者です
あれって怪しいんですか?
電柱に看板を巻きつけること自体が違法ですから、それだけでも会社の信用性が疑われます。連絡先も携帯番号だったりしますよね。
新築
4LDK
2900万!!
090-XX-XXX
事務所の実体がなく、マンションの一室で営業をしているような業者がほとんど。トラブルになる場合も多いので、連絡はしないことです
世の中悪いヤツがおるからのお
よっしゃ、いっぺん電話して注意したろ
だから電話しちゃダメだって!!
ピポパ…

土地、建築条件つき、建売物件
では、土地探しからはじめる人の場合ですが、土地だけで売っている場合のほとんどは…
うっとこの土地、売りたいんやけどな
土地持ち
はい、この場所でこの広さですと…
6千万でな
…えー、ここですと相場はせいぜい3千万…
6千万でないとよう売らんからえーな!?
ひぃ〜〜〜……
相場より高いから当然売れない。そういう物件の情報を不動産屋がオープンにします。だから表に出てくる土地の情報は、相場より高い場合がほとんどです

表とか、オープンとかいうのは？
あ、これも説明が必要ですね。不動産業者は、仲介手数料３％の利益を得ます
例えば、５千万の土地を売りたいと相談を受けた場合。５千万の土地を売ったら仲介手数料は３％の１５０万
土地 =5000万
5000万×3％=
150万← 仲介手数料
※仲介手数料を速算法／簡略式で算出すると、ただしくは150万+6万+5％消費税となりますが、ここでは省略します。
仲介手数料は買う人からももらえます。だから、購入者も自分の持っている名簿※から探したい。
売り手 3％
買い手 3％
両方とも自分のお客さん
合計 6％=
300万円もらえる
不動産業者
※以前のお客さん＋問い合わせがあって登録している人
そりゃおいしい！
そう。業界用語で〝両手〟と言われます
両手
でも、明らかに相場より高い物件は買い手がつきません。だから不動産流通機構（レインズ※）に情報を公開します。このことを「表に出す」とか、「オープンにする」と言っています。
Open!
不動産
高値
※不動産業界が連携して情報を公開する、不動産売買のシステム。
ほかの不動産業者が買い手を見つけて売買が成立した場合、業界用語で〝片手〟と言っています。
B不動産
土地
A不動産
片手
仲介手数料3％
売り手
買い手
仲介手数料3％

つまり、土地が売りに出ていて、私たちが目にする物件ていうのは…
相場より値段が高くて買い手がつかないもの、もしくは何か問題がある物件が多いです
売地 ○○○-○○○
えーじゃあ、買ったら損じゃないですかー?
まあ…そういうわけではないですけど
ほかには、
建築条件つき物件
「土地+建物」の建売《たてうり》物件
があります
これ、よく違いがわからないんですけど
ではまず、建築条件つき物件について。これは、土地を売る売買契約のほかに、家を建築する請負契約をします。
契約
土地
+
施工業者
契約
これが一番トラブルが多いんです
え?そうなんですか?
建築条件つきの土地は、あくまでも土地の売買なんです。でも、説明を聞きに行ったときに…
こちらが仮の設計図になります

わあ、けっこう広々してるね
キッチンもステキ
カタログ
ボード
キッチンは○社製、バス、トイレは△社製です！
もちろん、変更は後でできますよ
坪単価50万円で床面積が30坪、1500万円でこの家が建ちます
と　言われ
土地の売買契約と同じ日に、建物の請負契約までしてしまいます
そ、それがダメなんですか？
だって、よく考えてみてくださいよ。1500万で、と言うだけで、なにがいくらなのかも確認せずに買うなんて無謀でしょう
1500万
そして、後日、詳細な見積もりが出ると
建物が4千万!?
1500万だったでしょ？

いろいろな変更と追加で…
そんなバカな!解約します!
請負契約がされているので、解約はできません
え―――っ?
結局その人は、違約金を払って解約しました
ひどいー
そんなときに、消費者を守ってくれる決まりはないんですか?
あります。土地の契約をした後に、建物の施工業者と詳細な打ち合わせをした結果…
プランが気に入らなかったり、予算が合わなかったりして、建物の請負契約に至らなかった場合、土地の売買契約を白紙に戻せるという特約をしておくことです。
(※宅建業法)
白紙
じゃあそれで大丈夫じゃないですか?
でも、これは建物の請負契約をする前の話。契約をしてからではダメなんです
建物請負契約
すると請負業者はそれを承知の上で…
そうです。だから、土地の売買と一緒に請負契約はゼッタイしないこと
ね!

一緒に契約しなくてもいいんですね？
もちろん。土地と建物の契約は別なんですから
でも、けっこう気に入った土地で、「他のお客さんもいるから…」なんてせかされたら？
もし、本当に気に入ったなら、「買うという前提で、打ち合わせをしたい」と申し出ることですね
でも、不動産業者のページでお話したとおり、情報はなるべくを表に出さずに取引をしたいと思っていますから、
両手
チラシが入っていたり、ノボリを立てているところは、〝なかなか売れない物件〟だと思っていいですね。交渉の余地あり、です。
新築!! 4LDK ¥2900万
○○建設
新築!!!
最後に建売物件。建物つきの土地の売買です
えーとこれは、契約はひとつだけ？
そうです。建物がついた土地の売買契約のみ。それと、建売物件は建築許可が下りているので、後からの変更はできません
建物がまだ建っていなくても？
はい。だから契約時のトラブルはあまりないんです

ただ、施工の技術は…ハッキリ言って、程度の悪いものが多いです
ありゃ
建売の建築現場を見たことがありますか?
はい。ウチの近所、多いです
若い職人さんがやっていませんか?
そうです。まさしく
通常、家の価格は材料費と人件費は、ほぼ半分くらい。2千万の家なら、人件費は1千万くらいと言われます。
人件費 1000万
(半分)
2000万
でも、建売住宅の場合、人件費は5百万以下におさえられる。
人件費 500万以下
(1/4)
2000万
建売
建売
え、もしかしてそれは…
人件費の安い、まだ未熟な職人を使うからです。技術が伴わないから、結果的に欠陥住宅となってしまう場合もあります
えー? それは困ります!
グラグラ
もしかして、若づくりだけど、年配の職人っていう可能性もなくないですか!?
よく見るとシワが…
い、いるかもしれないけど…

土地の規制ってなんだ？
私がハウスメーカーと話を進める中で、
土地の規制で建てられない場合がある、というのを聞いたんですが
土地の規制ってなんですか？
国がつくった、街の環境作りのルールです
土地は、自分のものでもあるけど、みんなの住む街の一部でもありますよね
駅
低層階の住宅が並んでいるところに、いきなり高層階の商業ビルが建ったら、みんな困るでしょ
どーん
ショッピングビル
うーん…そこにユニクロが入るならいいけど
そういう問題でなくて！
だったら便利かも
土地には、商業地域、住居地域、工業地域という指定があります。
建てていい建物の広さや高さなどが決められています。
スーパー
商業地域
住居地域
工業地域

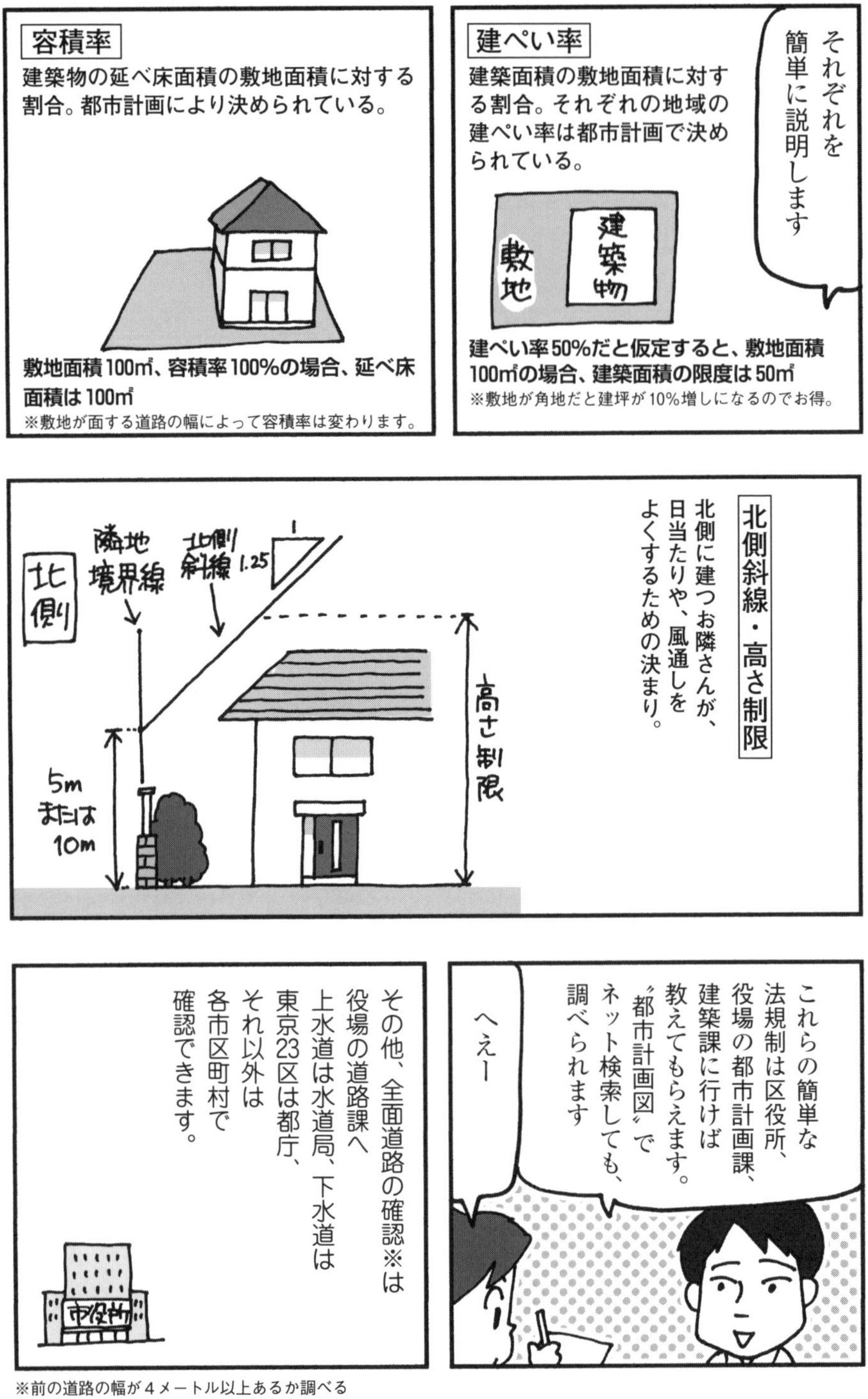
それぞれを簡単に説明します
建ぺい率
建築面積の敷地面積に対する割合。それぞれの地域の建ぺい率は都市計画で決められている。
建築物
敷地
建ぺい率50%だと仮定すると、敷地面積100㎡の場合、建築面積の限度は50㎡
※敷地が角地だと建坪が10%増しになるのでお得。
容積率
建築物の延べ床面積の敷地面積に対する割合。都市計画により決められている。
敷地面積100㎡、容積率100%の場合、延べ床面積は100㎡
※敷地が面する道路の幅によって容積率は変わります。
北側斜線・高さ制限
北側に建つお隣さんが、日当たりや、風通しをよくするための決まり。
北側
隣地境界線
北側斜線
1
1.25
高さ制限
5mまたは10m
これらの簡単な法規制は区役所、役場の都市計画課、建築課に行けば教えてもらえます。〝都市計画図〟でネット検索しても、調べられます
へえー
その他、全面道路の確認※は役場の道路課へ上水道は水道局、下水道は東京23区は都庁、それ以外は各市区町村で確認できます。
市役所

※前の道路の幅が４メートル以上あるか調べる
４メートル以下だと敷地が減らされる

地盤の状況を知ることも大切です。軟弱な地盤の場合、地盤改良が必要です
杭を打ったりするんですよね
いくらくらいかかるんですか？
施工条件によって違いますが、延べ床面積、30坪の2階建てで100万～150万くらい
えー、家にかかるお金とは別ですよね？
もちろん別ですねー
不動産仲介業者に近隣の地盤データをとってもらうか、役所によっては、自由に閲覧できる場合もあるので、調べてみるといいですね。
買おうとしている土地が以前なんだったのか、土地の履歴を調べることができます。登記所に行けば、誰でも登記簿を閲覧することができますよ。
履歴
林
畑
宅地
以前、工場用地だったとか、土壌汚染がないかなど、チェックしたいですね
化学工業
現在

昔、沼や田んぼだったところも地盤が軟弱な可能性が高いです。その地域に詳しい人にお話を聞けるといいですね
村のオババとかにね！
村のオババ
あと、意外に建てられないことが多いのが、輸入住宅やログハウス
へぇ？
ウッディーな外観が、ステキですよね
あー、ステキステキ！
でもあれは「防火地域」と「準防火地域」の指定に引っかかる場合が多いんです
防火？
火事があったときに、廻りに延焼しないよう作られた決まりです。敷地が狭く、家同士が近い都市部では、燃えない不燃材で家を作らなくてはなりません。
あ、でも都心部でも、隣とあまり隣接しない、広い土地を持っている人なら、問題なく建てられますからね
んー…その者、相続税に苦しむであろう

家づくりの資金計画
僕が、家を建てたいという相談を受けたら、まずお客さんに
ライフプランについてヒアリングし、ライフイベント表とキャッシュフロー表をつくります
ライフプラン？
何年後にどんな出来事があって、お金がいくらかかるか、表に書き出していくんです
えー？家の相談しに行ってるのに、なんですかー？
ずるー
これがとっても大切なんです！
例えば、こんな家族の場合
4人家族
夫35歳
ヒロシ
妻35歳
リサ
ナナミ
長女4歳
コウタ
長男1歳

キャッシュフロー表の一例

年	上昇率	2009	2010	2011	2012	2013	2014	2015	2016	2017	2018	2019	2020	2021
ヒロシ		35	36	37	38	39	40	41	42	43	44	45	46	47
リサ		33	34	35	36	37	38	39	40	41	42	43	44	45
ナナミ		7	8	9	10	11	12	13	14	15	16	17	18	19
ユウタ		4	5	6	7	8	9	10	11	12	13	14	15	16
ライフイベント														
給与収入（夫）	1%	500	505	510	515	520	526	531	536	541	547	552	558	563
給与収入（妻）	0%				100	100	100	100	100	100	100	100	100	100
退職金														
満期保険金													200	
収入合計		500	505	510	615	620	626	631	636	641	647	652	858	663
生活費	1%	250	225	227	229	231	234	236	238	241	243	246	248	251
居住費	1%	120	121	139	139	139	139	139	139	139	139	139	139	159
住居諸経費				38	38	38	38	38	38	38	38	38	38	38
保険料		44	44	44	44	44	44	44	44	44	44	44	32	32
教育費	1%	46	30	31	78	62	63	93	75	76	151	99	100	349
その他支出	1%	20	10	10	10	10	10	10	10	10	10	11	11	11
国内旅行	1%		10	10	10	10	10	10	10	10	10	11	11	11
一時支出	1%			663										
支出合計		480	440	1162	548	534	538	570	554	558	635	588	579	851
収支		20	65	−652	67	86	88	61	82	83	12	64	279	−188
貯蓄合計	2%	720	801	152	223	315	411	481	574	670	696	775	1075	905

年	上昇率	2022	2023	2024	2025	2026	2027	2028	2029	2030	2031	2032	2033	2034
ヒロシ		48	49	50	51	52	53	54	55	56	57	58	59	60
リサ		46	47	48	49	50	51	52	53	54	55	56	57	58
ナナミ		20	21	22	23	24	25	26	27	28	29	30	31	32
ユウタ		17	18	19	20	21	22	23	24	25	26	27	28	29
ライフイベント														
給与収入（夫）	1%	569	575	580	580	580	580	580	580	580	580	580	580	580
給与収入（妻）		100	100	100	100	100	100	100	100	100	100	100	100	100
退職金														2000
満期保険金				200										
収入合計		669	675	978	680	680	680	680	680	680	680	680	680	2680
生活費	1%	253	256	258	261	263	266	269	271	274	277	280	282	285
居住費	1%	159	159	159	159	159	159	159	159	159	159	159	159	1200
住居諸経費		38	38	38	38	38	38	38	38	38	38	38	38	38
保険料		32	32	32	32	32	32	32	32	32	32	32	32	32
教育費	1%	237	240	453	188	189	191							
その他支出	1%	11	11	11	11	11	11	12	12	12	12	12	12	12
国内旅行	1%	11	11	11	11	11	11	12	12	12	12	12	12	12
一時支出	1%		172						182	739				128
支出合計		741	919	962	700	703	708	522	706	1266	530	533	535	1707
収支		−72	−244	16	−20	−23	−28	158	−26	−586	150	147	145	973
貯蓄合計	2%	850	618	647	640	629	613	786	775	193	350	507	665	1671

ライフイベント表の一例

西暦	年齢				ライフイベント
	ヒロシ	リサ	ナナミ	ユウタ	
2009	35	33	7	4	ナナミ小学校入学
2010	36	34	8	5	
2011	37	35	9	6	住宅購入・ マイカー買い換え：150万円
2012	38	36	10	7	ユウタ小学校入学
2013	39	37	11	8	
2014	40	38	12	9	
2015	41	39	13	10	ナナミ中学校入学
2016	42	40	14	11	
2017	43	41	15	12	マイカー買い換え：150万円
2018	44	42	16	13	ナナミ高校入学・ユウタ中学校入学
2019	45	43	17	14	
2020	46	44	18	15	学資保険満期：200万円
2021	47	45	19	16	ナナミ大学入学・ユウタ高校入学
2022	48	46	20	17	
2023	49	47	21	18	マイカー買い換え：150万円
2024	50	48	22	19	ユウタ大学入学 養老保険満期：200万円
2025	51	49	23	20	ナナミ大学卒業
2026	52	50	24	21	
2027	53	51	25	22	
2028	54	52	26	23	ユウタ大学卒業
2029	55	53	27	24	マイカー買い換え：150万円
2030	56	54	28	25	ナナミ結婚：300万円 ユウタ結婚：300万円
2031	57	55	29	26	
2032	58	56	30	27	
2033	59	57	31	28	
2034	60	58	32	29	ヒロシ退職・退職金：2000万円 海外旅行：100万円

あら、表にすると意外に…
将来のことがちょっと見えてくるでしょう?
うっ、でも教育費、すごいかかる!
子供が4つ離れてると、中学と高校、高校と大学入試が重なるじゃん!
それに、この世界的大不況
正社員だってどうなるかわからないですよ!
リストラ
失職
貧困
家買うなんて、100万年早いっす、ごめんなさーい!!
そこまで落ち込まなくても…
でも実際に、表をつくると、「家を買うなんて無理…」とへこむ人が多いんです。
でも、ここで大切なのは、まずは自分で家計を把握し、確認することなんです。
ライフ イベント表

家を持つことは、その人の生きがい、やりがいになりますからね
夢の実現のためにはがんばる気持ちも大切です
そこで、ライフプランを作り、分相応の計画を立てることが大事なんです
…そうは言うけどさあー
まず、自己資金ですが、**最低2割、できれば3割は**用意したいです
自己資金…．2割～3割
2000万の家なら…
400万～600万
やっぱ、そんなに！
ない人は、今はまだ時期尚早と考え、がんばって貯金をしましょう。いくら低金利時代とはいえ、数千万の借入をするんですから、なるべく自己資金を増やし、ローンの負担を減らしましょう。
チャリーン
借りられる金額はどうやって決まるんですか？福耳？
違います!!

借入金限度額その人の年収で決まります

借入期間35年の場合

年収	パターンA 金利3% 返済比率40%	パターンB 金利4% 返済比率30%
300万円	2597万円	1694万円
400万円	3463万円	2259万円
500万円	4329万円	2824万円
600万円	5194万円	3389万円
700万円	6060万円	3954万円
800万円	6926万円	4519万円
900万円	7792万円	5084万円
1000万円	8658万円	5649万円

パターンA：現在の金融機関が公開している借入限度額
パターンB：安全値を考えた推奨借入限度額

【理由】
現在、銀行などの金融機関は、年間の返済額が年収の35%～40%で借入限度額を設定していますが、これだと金利が上昇する場合や、病気になる、親の面倒を見なければいけなくなったなどの不測の事態には対応ができません。金利などは、今から20年前のバブル時には7%、8%などの時代もありました。今やそこまでは金利が上がることは想定されませんが、パターンBは、そうしたことを踏まえての安全策で考えた場合の、推奨する借入限度額です。

ここで注意しなければいけないのは、年収の金額です
はい？

会社員の年収というのは、手取りの金額とは違います。年収700万の人だったら、**経費※を引いた金額を所得**と考えます
年収700万
ー マイナス 経費 (15%～20%)
＝595万円
ほんとうの年収額

※給与所得控除、所得税、社会保険料など必ず支払うお金

銀行は年収７００万の場合、年間支払額の限度は35％の２４５万と計算しますが、
700万 × 35%
年間支払い限度
銀行
245万
自分の手取り（所得）金額で考えると、５９５万×35％＝２０８万という金額になります。こちらのほうが、無理のない支払い額でしょう。
595万 × 35%
年間支払い限度
208万
そうか、銀行で言われる金額は、収入から経費を引いていない金額だから…
結果的に実際に**払える金額以上を借りて**しまいますよね
もっとわかりやすい考え方は…
今の家賃（例：10万円）
＋
住宅取得のために積み立てている金額（例：2万円）
＝
月々の返済額の目安（12万円）
あー、これなら実感しやすいですね
年間の返済額は12万×12ヶ月＝１４４万円。１４４万円を30年間、今の金利３％で逆算すると借入限度額は約３６００万円
12万×12ヶ月＝144万
年間144万×30年間…
借入限度額
3,600万円
にゃるほろ
それから、今後同じ額を支払っていくにしても、
・夫婦2人暮らしの場合と
・夫婦と子供が3人いる場合、
・扶養する親のいる場合
では、それぞれ必要になるお金がぜんぜん違うので、それも考慮しておくように
うーん…と言われても…

次は建築費用について考えましょう
建築にかかる費用は大きく3つに分けられます

1 建築本体工事費＋付帯工事

仮設工事、基礎工事から、柱、屋根、サッシ、コンセントや内部配線など、建物そのものの工事と、屋外給排水工事や、屋外電気工事、ガス工事など、外から建物の中に引き込むための工事。

◎2階建て　在来木造
延べ床面積40坪の家の場合（概算）

❶建築本来工事費…20,000,000円
❷付帯工事費…1,664,400円
＋消費税…1,083,220円

合計＝22,747,620円

水道
ガス
電気

2 諸費用

❶確認申請費用…15万円
❷契約時の印紙代…1万5000円
❸登記費用…25万円
❹地鎮祭・上棟式費用…30万円
❺ローン諸費用…110万円
（ローンを組む時にかかる保証料や事務手数料、火災保険料、地震保険料など）
❻不動産所得税…3万円
❼固定資産税、都市計画税…12万円
❽仮住まい…120万円
❾引越し費用…50万円

合計すると　約3,665,000円

申請書
登記
税金
引越し

3 別途工事

❶外構工事費用（門扉、フェンスなど）…100万円
❷照明・カーテン工事費用…80万円
❸空調工事費用…75万円
❹解体工事費用（既存の家を解体する場合、30坪程度で）…100万円
❺局納金・負担金（税込み）…50万円
❻床暖房工事（通常はオプション工事）…50万円
❼造作家具工事（通常はオプション工事）…100万円

合計すると　約5,550,000円

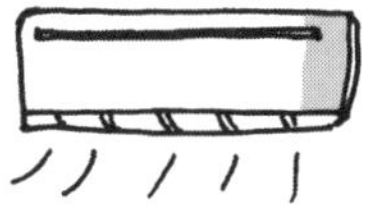

あれあれ？家の工事以外にこんなにお金がかかりますよ？
そうです。でも、そのことに気づかない人が意外に多い
諸費用って、書類代とかじゃないんですか？こんなに高いの？
火災保険を含むローン諸費用は110万。仮住まいも数ケ月分なので、結構な金額になりますよね
床暖房50万……えーっ。床暖房やめます！
いっぱい着りゃいいや！
削りたくなってきますよね

解体工事の
100万もやん
なくていいや
それやらないと
家建たないんで!
そして、
これらの費用の中でも、
・建築業社に支払う着工時金、
・地鎮祭・上棟式費用、
・仮住まい、
・引越し費用、
・解体費用
は最低限、現金が
必要なところです。
合計するとだいたい1千万円。
この家の総建築費3200万の
約30%になります。
総建築費3.200万の
30%=約1000万
だから、自己資金は30%必要、
という根拠なんです。
だいたい
わかり
ました?
もちろんです!
だいたいなら!
まず
家計簿買いに
行こうかと…
そっから!?
ずるっ

住宅ローンについて
家にかかるお金のことはだいたいわかったと思うんで、次は住宅ローンについて
住宅ローンといったら、住宅金融公庫で借りるんでしょう?
すでにないし!
※住宅金融公庫は2007年3月31日で廃止。現在は独立行政法人である「住宅金融支援機構」となった。

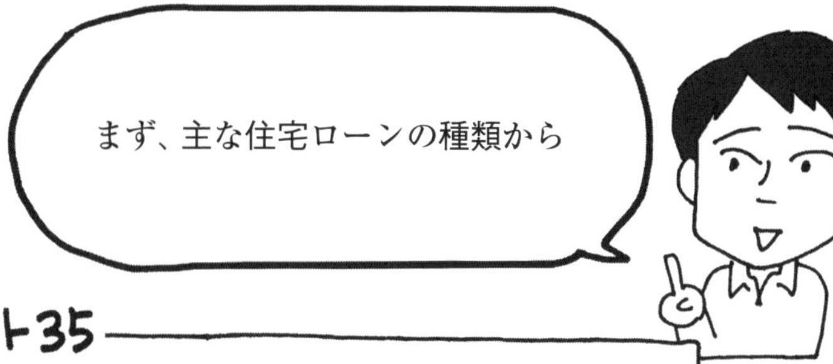
まず、主な住宅ローンの種類から

@フラット35

住宅金融支援機構の住宅ローン。長期固定金利型。金利は金融機関によって異なる。融資額は、物件価格の90%※まで、最高8,000万円の融資により大型のローンが組める。

@公的融資

- 財形住宅融資。財形貯蓄を1年以上、貯蓄残高が50万円以上ある人が対象。(財形貯蓄残高の10倍の額で最高4,000万円までの融資)
- 自治体融資…自治体により異なる。金利面は、比較的有利なものがある。

@民間融資

銀行、JA、生命保険会社などの住宅ローン。
借りられる金額、金利はそれぞれによって異なる。

住宅ローンの金利には、**固定金利**と**変動金利**、**固定金利選択型**があります
えーと…金利のつき方の違いってこと？

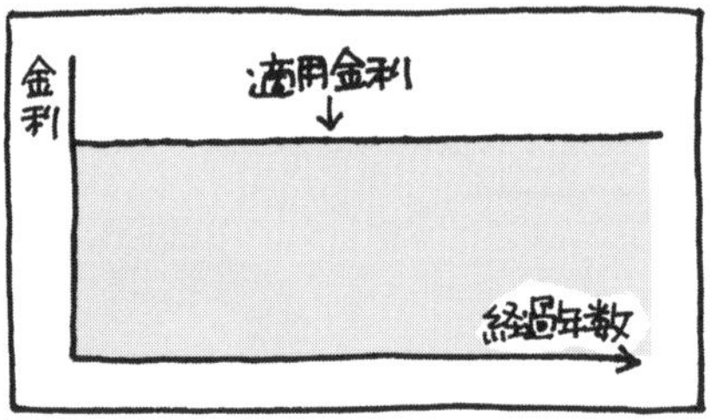
金利
適用金利
経過年数

固定金利

全期間適用金利が変わらない。
低金利時には有利。家計管理しやすい。

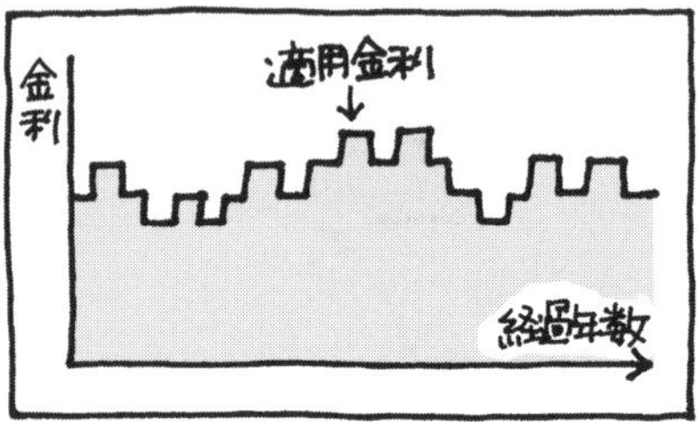
金利
適用金利
経過年数

変動金利

年2回、金利が見直されるので返済計画が立てにくい。低金利期や金利下降期には有利。金利が上昇すると返済額も増える。

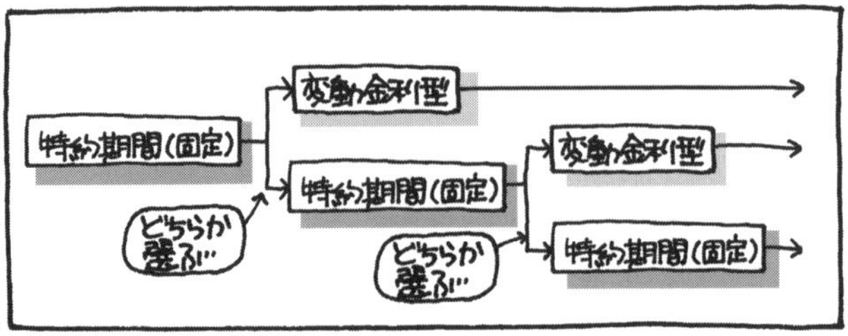
特約期間(固定)
変動金利型
特約期間(固定)
どちらか選ぶ…
変動金利型
特約期間(固定)
どちらか選ぶ…

固定金利選択型

固定期間終了後、金利状況に応じて、固定金利か変動金利か選べる。

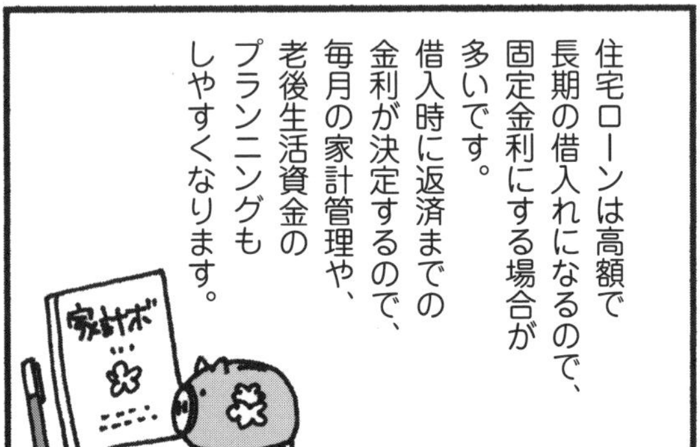
住宅ローンは高額で長期の借入れになるので、固定金利にする場合が多いです。借入時に返済までの金利が決定するので、毎月の家計管理や、老後生活資金のプランニングもしやすくなります。
家計ボ

次に、**元利均等方式**と**元金均等方式**の違い…
え…まだ他にもローンがあるんですか？

いえ、さっきの「固定金利」と「変動金利」っていうのは、ローンの金利の種類です。商品みたいなものですかね
「元利均等方式」「元金均等方式」というのは、返済方法のことです。お金の払い方の違いです
あと、先生、基本的に漢字が読めません
えーっ…漢字？

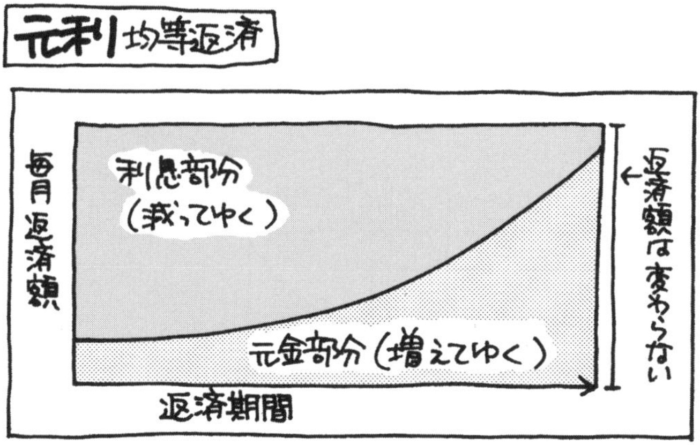
元利均等返済
毎月返済額
利息部分（減ってゆく）
元金部分（増えてゆく）
返済期間
返済額は変わらない

元金と利息を足した額を均等にして、毎月同じ額を返済する方式。最初のうちは利息分を多く返していくので、元金の減りが少なく、総返済額は元金均等返済に比べ、多くなる。一般的に住宅ローンといえば、こちらを選ぶ人が多い。

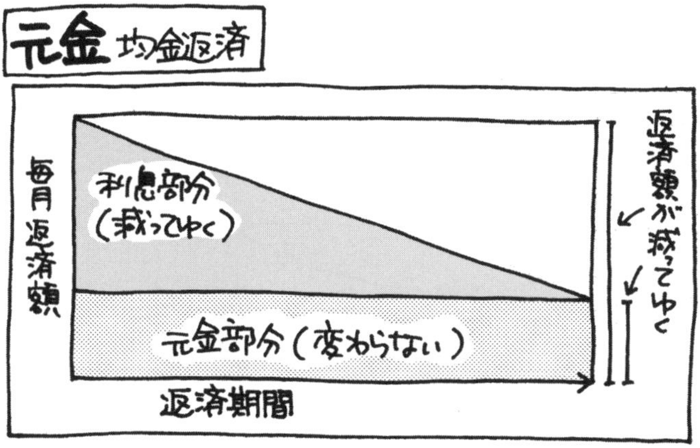
元金均金返済
毎月返済額
利息部分（減ってゆく）
元金部分（変わらない）
返済期間
返済額が減ってゆく

「元金」を均等に分割して返済する方式。元金を分割した、毎月の支払い金額に毎月の利息を足して返済する。最初の負担は大きいが、元金がどんどん減っていくので利息の支払額は「元利均等」に比べて少なくなる。

どっちがいいのかっていうのは…
それは人によって違うので、なんとも言えませんね
あと、繰上返済は、なるべく**早い時期に期間圧縮で返済**するのがお得。返済期間が短くなるぶん、総返済額を減らす事ができます
ほおー

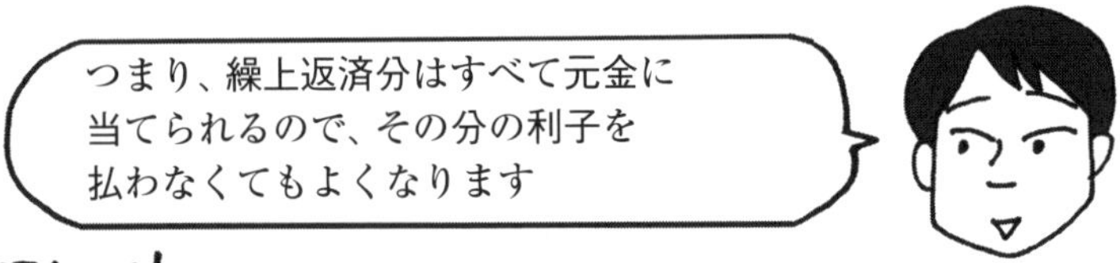
つまり、繰上返済分はすべて元金に当てられるので、その分の利子を払わなくてもよくなります

返済期間短縮型

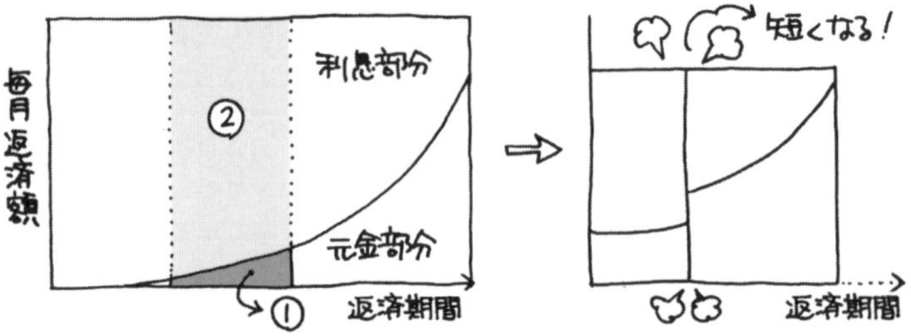
毎月返済額
②
利息部分
元金部分
①
返済期間
短くなる!
返済期間

①の元金を繰上返済すると②の利息は払わないでよくなる。→返済期間が短くなる。

返済額軽減型

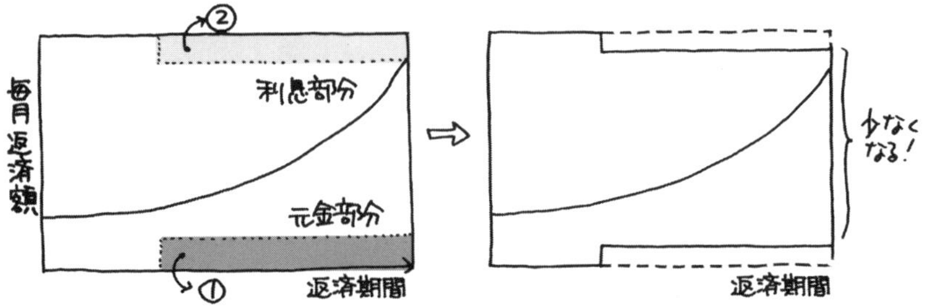
②
毎月返済額
利息部分
元金部分
①
返済期間
少なくなる!
返済期間

①の元金を繰上返済すると②の利息は払わないでよくなる。→返済額が少なくなる。

家を建ててからの話になりますが、**住宅ローン控除**が対象になりますから、申告しましょうね
家を建てた人に、ローンの支払いが大変だろうから、収めた税金から一定の金額を戻してあげますよ、という制度。
TAX

年間30万円（※）最大３００万円が所得税から還付されます（平成24年度時点）
※認定長期優良住宅、認定省エネ住宅の場合で、一般住宅は年間20万円で最大２００万円まで。
どん!!
そんなに!?
でも、これは税金を払っている中から還付されるものだから、年間30万も返ってくるのは年収６００万円以上の人ですからね
ああー。そうそう、そうですよねー

※基本は10年間だが、15年まで延ばすこともできる。

ウチも確定申告の時に住宅ローン減税の書類を書いていますが、まあ、これがほんとに、よく読めば読むほどわからない。
わからないので、必要な書類を持っていって、税務署の人に助けてもらいながら書類を書いています。そのほうが簡単だし、間違いがないですよ!
※ちなみに給与所得者（会社員など）の場合は、建てた年に一度書類をつくれば10年分まとめて書類が郵送されてきます。自営業者は毎年書類を作成します。（平成24年度時点）
書類作成

それから、住んでからの、**家の長期修繕計画**も大切です
修繕?
家のリフォームです
ハイハイ
建ててすぐでそんなこと考えられないですようー
考えておいてくださいっ!
新品だぜ
目安は5−7年で鉄部塗装
ぼろっ
10年で外装、防水、屋根
ぼろっ
20年で水回り取替えキッチン、お風呂などがあります。
ぼろっ

そうかー、建てたところで、ハッピーエンドだと思ってたわ
家建って
めでたしめでたし
ぜんぜん終わりじゃないじゃん！これからが苦悩の連続よ！
だから苦悩しないように、計画を立てましょう！
リフォーム費の目安は、延べ床面積30坪の木造2階建ての場合**10年目で200万**
がーーん
どこ
200万貯めたら、繰り上げ返済しちゃいます
家をメンテナンスするということは、健康な生活をしていくことですよ！
そういえば、うちの近所は築30年くらい経った家が多いんですが
……
同じくらいの築年数なのに、いやに古ぼけている家もあれば、古いけどステキに見える家もあります。
きちんと手入れをしている家なんでしょうね
そうなんですねえー
大切なんだー

家ってね、建て替えが決まると、急に古ぼけちゃうんですよ
へえ？どういうことですか？
建て替えを検討しているお客さんの家に行くと、計画しているときにはそんなことないのに
建て替えが決定すると急に古びて見えるんです
あれっ？
へーー？なんででしょ!?
きっと…、家も生きてるんでしょうね
……
僕はそう思いますよ
じゃあ、家がもう壊されるってことを察して、老け込んじゃうってこと？
ちょっとさみしくて、不思議な話だなー
しょぼ〜ん
最後に先生、人は、なんで家をつくりたがるんでしょう？
えー？

いや、私も
ほんとの
ところ、なんで
家が欲しいのか、
よくわからないんです。
資産が欲しい、というのも、
ひとつのところに安定したい、
っていうのも違うんです
私が、欲しいのは
家っていうより、
夕暮れの中に見える
家の灯りとか、
お帰りって
迎えてくれる家族とか、
そんなもののような
気がするんです。
……
きっと、
みんな
同じだと
思いますよ
欲しいものは
家族とのあったかい
暮らしなんだと思います。
でもそれは
形のないものだから、
シンボルとして、
家が欲しいんじゃ
ないですかねえ。
家族が集う
あったかい
場所
＝家＝
シンボル
おー！
なるへそ!!
ガッテン
ガッテン
ガッテン!!
…ガッテン
して
いただけた
ようです…
アベカヨコ

●３章●

運命の出会い

これが運命の出会い(か?)
さて、ここからは第1章の続き。計画を進めていたハウスメーカー全てを断ってしまった私たち。
それでも家づくりをあきらめきれるわけもなく…
お、ここにも展示場がある
東に知らないメーカーがあれば、行って資料をくださいと言い西に見てないモデルハウスを見つければ行ってその特徴を聞く。
暑い夏にオロオロと展示場めぐりを続けていたのでした。
面白いモデルハウスも見ましたよ。外観がおまんじゅうのような半円形で
中に入ると、だだっ広い丸い空間。中央に柱があって、
その下に水たまりが。

そして空間のはしっこにトイレがぽつんと。
突っ込んでいいんだよね? ね!?
じっと見てる会社の人↓
じーー
んー…
そんなある日の、都内某所展示場
あ、ここ建築中。見られないのかな?
まだ完成していませんが、ご覧になりますか?
じゃがバタホーム M田くんとの出会いでした。
もう計画を進めてるんですか?
ええー、でもいったん白紙に戻したんです
では、ぜひ私どもの家もご検討ください~
わ、すごーい
高そうー
モデルハウスは、完成間近。掃除をして家具を運び込んで終わり、くらいの様子です。

この周辺は、高級住宅地のせいか、モデルハウスのグレードも高いみたい。
見てっ！ホームバーだよ！
悪いことして捕まった社長の家にあるよね！
あーあるある!!
はは…
いっしっし
こちらの工法はなんですか？
はい、ツーバイフォーです
標準的な坪単価は…？
じゃがバタホームには、決まった商品というのがないんです
でも、メーカーって、〝新商品○○〟とかって、名前をつけて出すじゃないですか？
じゃがバタホームはそうじゃないんです
というのは、家の機能や、それにともなう部材は常に新しいものが開発されています。一応、お客様に説明しやすいように、商品名をつけていますけど、中身は常に入れ替わっているんです
パンフ
んん？じゃあ、例えば…この家に使われているこのドアが、そのまま使われるわけじゃない、ってこと？

ドア
もっといい性能のドアが、同じくらいの値段で出ていれば、そうなりますね
ですので、外壁や屋根の色、全体の雰囲気もまったく違った感じにできますよ
へえー…？
作品集を見せてもらうと、カントリー風の家もあれば、クールモダンみたいな家もありました。
へえー、こんなにいろいろできるの？
FILE
今まで見たメーカーはどこも、お勧めする新製品そのままのプランを出してきたよ。でもそうじゃなくて、自分の意見が反映できるって、すごくイイなあ！
その夜、さっそくM田くんがたずねてきました。私たちの要望をきっちり聞き出し、
では来週、プランをお持ちしますっ！
キラリン
お願いしまーす！
なんか、また楽しみになってきた！
ねっ!?
↑おかわりできるジュース↗

次の週
最初にご確認したいのですが、なぜ今まで、小屋裏3階建てを検討されていたのですか？
…えーとー
そもそもなんでだっけ？
たまたま見たモデルハウスが小屋裏3階建ての商品でー…勾配天井の小屋裏が気に入ってー…男の趣味部屋はやっぱ小屋裏だな！ってー…
思っちゃったんだ！
…では、2階建てでも、勾配天井で秘密の部屋っぽいものができれば、3階建てじゃなくてもかまいませんか？
…はい。そりゃぜんぜん
ええー？でもそんなのできるのかな？
というのは、2階建てと3階建てでは、コストがかなり違います。2階建てのほうが建築費を抑えられます
あ！そうか
はい！

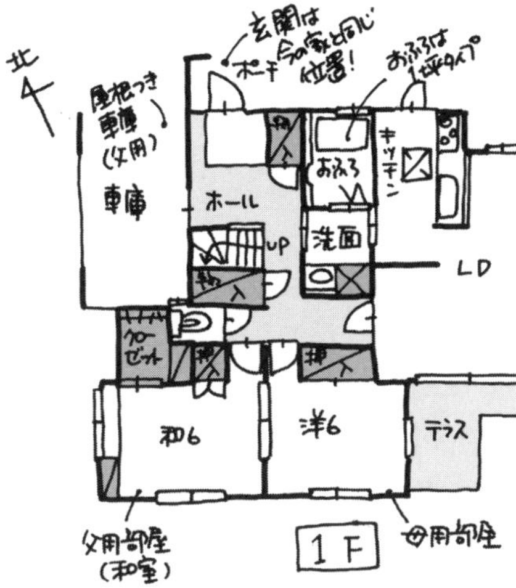

1階：（両親の部屋）
父の車庫はビルトイン式！明るい東側にLDK、南側に父母の部屋があって、希望どおり！

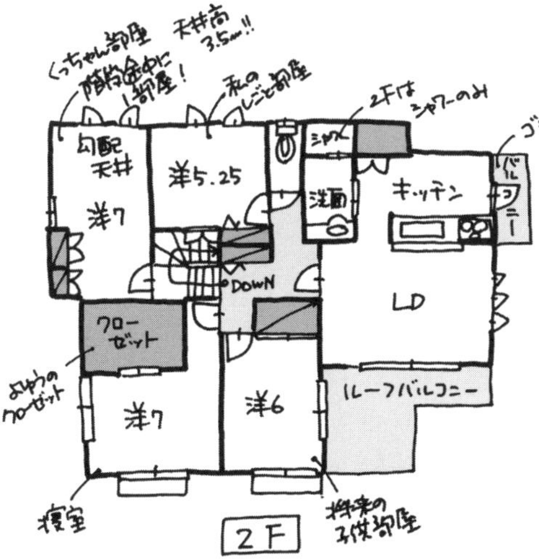

2階：（私たちの部屋）
車庫の上がスキップフロアで、勾配天井！　水回りがまとまっていて、使いやすそう。空間が無駄なく生かされている感じだなー。

階段上がったところに洗濯機置いてないよっ！
は？
よがっだ!!
ありったけの希望を盛り込んで、形にしてもらったので、びっくりです。私たちはそれぞれに仕事部屋をつくるのが希望でした。その分、部屋数の多い間取りになっていると思うのですが…。
でもこれ…私たちの予算で大丈夫なんでしょうか？
まあ、それは…大丈夫です！
まーじでー!?
家に帰ってからも、なんども図面を見直す私たち。
イイんじゃなーい
イイよねえーえ
実は今回、図面をお願いする際に、私たちや両親の家具の大きさを測って、渡したのですが、それもキチンと収まるつくりになっていました。
(いままでのメーカーはそんなこと聞きもしなかった)

それになにより、いままでのメーカーはやたらと契約を急がせたけど
契約契約！
早く早くー!!
じゃがバタホームのM田くんは
契約の時期は…？
ご都合のよい時でかまいませんよー
とひょうひょうと言うのでした。
もうそれだけで！
ウレシイ!!
それからは、いくつか図面の修正をしてもらったり詳細な見積もりを出してもらったり。焦ることがないので、とてもやりやすかったです。
では、近いうち地盤調査に伺います。その後、仮契約という形になりますが
はい！お願いします！
自分たちが納得できる形で、契約ができそうです。

そんなあ！
じゃがバタホームの悪い噂
じゃがバタホームに施工をお願いすることに決まり、地盤調査もすみました。
あ、そう、今日調査に来た？
母と電話
結果は、地盤改良が必要なほどではない、ということです。
よかったー、別に費用がかかっちゃうもんね
ニュースで、買った家が地盤沈下して裁判になった、なんて聞きますよね。
なんで最初に調査しなかったのかな？
と思っていたんですが、
地盤調査が義務付けられているのは、木造の場合3階建て以上なんだそうです。いい加減な業者だったら…
田んぼだったとこだけど大丈夫でしょ
イヤミ
売地
〇〇不動産
なんてことになりかねませんよね。
じゃあ…次はいよいよ…
仮契約だよ～!!
※100万払うんだよ、ひゃくまん！
ハンコ

※工事費の中から払う。その後、本契約に進まなかった場合、返金される。

コツコツ貯めたお金だけどな〜
ウチの親がな
コラ！
頭金など諸費用、現金が必要な部分は親にお願いしたのです。だって、二世帯住宅だもん！
さて、インターネットはいろんな情報を得るのに、とっても便利。私も家づくりのサイトや掲示板などに顔を出していました。
ここに来ている人はみんな、初めての家づくりに疑問や不安を持っている人たち。
たいていの書き込みは、家の工法や、メーカーに関して。
○○ハウスって、どうですかー？
というのが多い
そんな中…
告発！じゃがバタホームの酷い実態!!
えっ!?
なにこれ？
じゃがバタホームと契約をしたが、途中トラブルがあり、裁判になっています。詳細をホームページにアップしたので、見てください。

ええ――っ!? くっちゃん 大変 で――す!!
んがが??
TV
んんー? なんじゃ こりゃー?
大変でしょ?
PC
訴えてやる――!!
だあ――っ!!
……はいっ
まお約束なんで
でね、さっそく そのページを 見てみた んですが
真っ赤な背景色に黒の文字。おまけに情報がまったく整理されていなくて、ただ裁判の内容を、テキストで流し込んだだけのページなのでした。
こんなん 読めねえよ!!
改行もなし
告発!!
「法的に……させることを許容できるだけの高度の必要性に基づいた合理的な……」とか「合理性……にあたって考慮すべき……をより包括的に提示」とか、裁判用語が満載!
意味 わかんないし!!

それでもなんとか読み進めると…
なんだこれ？結局…
言った、言わないのレベルの話みたい。
○日までに返事すると言ったじゃないか！
いえ、そんな約束はしていませんし、証拠もないです！
それが積もり積もって…
えーい!! 裁判だっ！工事もストップっ!!
そんな!!
そんなことになってしまったように感じました。
だいたい、今進んでる裁判の内容をサイトに流しちゃってもいいのか？担当者の実名出してるし。
多分ダメ
次の打ち合わせの日、M田くんに聞いてみた。
ちょっと動揺するかな…？
あ～はい
そうらしいですねえー
あっさり

「いろんなお客様がいますからねー。」という返事だった。
まあ、そういうことなんだろうなー
でも、変だよなー。じゃがバタホームは「打ち合わせ進行表」というものを使っていて、
話した内容を書き出し、打ち合わせの終わりにサインをして、2枚つづりの1枚を私たちに渡し、打ち合わせが終わるのです。
1枚目
2枚目
この内容確認の方法、他の会社でもやっているところもあれば、やっていないところもありました。でも、後々のことを考えると絶対必要だと思います。
もし、施行会社がこういう書類を作っていないときは、自分で打ち合わせのメモを残したほうがいいと思いますよ。
レポート用紙でいいんで
それをやっていれば、言った言わない、なんてことにはならないと思うんですけどねえ。
?
!?
!!
!!
!
初めての家づくりで、それなりに不安はいっぱいあるけど、だからこそわからないことはどんどんメモして、教えてもらえばいいのだ。
よしっ!!
メモ
メモ
メモ
メモ

そんなある日
♪ピンポーン
ニャー
にゃあ？
ほっけハウスですっ！
あり？
今日は、いいものお持ちしたんですよー！
へ？っていうか…
どーん!!
じゃーん！
家の立体模型ですー！
出来上がりの感じをつかんでいただけると思って！
わあすごい！
のせ
…じゃなくて！
ウチは、ほっけハウスさんをお断りしたけど？
特にこっちからの角度がほら…
え…
ええっ!?
二度見
が―――ン!!

がーンて、
おかしいでしょ。
この間断ってから
2ヶ月間、
ウチに来て
ないじゃん？
他のところで
決めちゃったん
ですかあー？
せっかく
作ってきた
のにっ!!
たのんで
ないし
重い!!
せっかく
なので、
差し上げます
捨てたり
しないで
くださいね
と、言い残し、
国分くんは
帰っていった
のでした。
くる
くる
くる
なんだろう。
何を
したかった
のだ、彼は
おもしろいなあ
せっかくなので、
鑑賞。
なんか
でかいなあ
でかいよね
で、全面
レンガ張り
実際建ったら
すごい威圧感
あったと思う
どーん
しかも色は
こい茶色

これがほっけハウスのプランでした

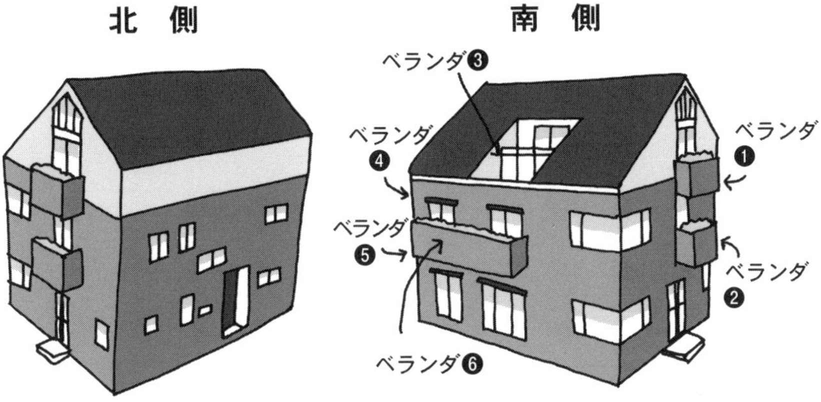
北　側
南　側
ベランダ❸
ベランダ❹
ベランダ❶
ベランダ❺
ベランダ❷
ベランダ❻

ウチは北側に道路がある。だから人目につくのは北側なんだけど、なんだ、この大きさも高さも違う、めちゃくちゃな窓の配置は。

うーむ、なぜベランダが6つもあるのだ。住む人は4人だというのに。それにでっかいベランダのある、南向きの3階の部屋は、夏には暑くていられないね。きっと。

ここで小野先生チェック！

設計をするときには、北側に水周りを集中させることが多く、特に北道路の敷地では、外から見た北側のデザインがへんてこになることが多いんです。ありますよねー、こういうお家。

国分くんには申し訳ないけど、でかい立体模型は引越しのときに廃棄しました。やっぱりじゃまで！
ゴメンね

結論
やっぱりほっけハウスにしなくてよかったね

変更点とコストダウン
私たち夫婦は、2人ともフリーランス。
くっちゃん グラフィックデザイナー
わたし マンガ家
住宅ローンは住宅金融公庫（現　住宅金融支援機構）で借りることに決めましたが、ここでちょっと問題が出てきました。お金を借りるには、これくらい稼いでいますよ、という証明がいるのです。
フリーランスですから、3月の確定申告も自分でやります。でね、その際、報酬額から経費を引いた金額を収入とするんですが…。
カチャカチャカチャ…
家計ボソフトで計算してます
なるったけ、経費を多く引いて、**収入の額を少なく**したほうが、帰ってくる税金が多くなる！（フリーの常識！）というわけで、マメに領収書をためて、いたのですが、
2月
3月
4月
医
ローンの審査には、**収入を多く**しておいたほうがいいです
えっ!!
M田くん
まあ、考えてみれば当然…。
だよね
そんなことも考えなかったんだから、あきれたもんです。
あっはっは
大丈夫かな…

だもんで、3月の申告は、なるべく収入を多く申告して、それからローンの審査、ということになりました。
ぎゃっ!?
国民健康保険料
都区民税
←次の年の支払い額、ビビりました
じゃあ、その後に、本契約、着工という予定だね
5ヶ月くらい間があるなー
じゃあその間はのんびりと…
うーん
ぽわわ~ん…
ええいこのたわけがーーっ!
納得いくまで、細かく図面を調整じゃ!値段が変らぬ範囲でのう!
ははっ!!
家づくりの雑誌によると、工事に入ってからの変更が予算オーバーの一番の原因らしい
さもありなん!

だから、変更点は「ここをこうしたいけどお金が高くなる?」ってM田くんに聞きながらすすめる!
ギョイ（御意）!
でも、変えたいところって、ほとんどないんだよねー
最初から気に入ったもんね
部屋の配置は全部そのままで、収納や、シャワーの位置、ベランダの形が変ったくらいです。
ベランダ
ベランダの幅を広くできないかな?2世帯分の洗濯を干すでしょ?
あ、そうか
それに広いベランダだと、日向ぼっことか、夕涼みとか…。
たのしい~!!
ぽかぽか
リビング幅20cmほど削って、ベランダを広くしました。
ベランダの庇部分にダウンライトと、下にコンセントもつけました。
リビング
ベランダ
20cm

1階は1・25坪のお風呂にしたんですが、
2階はシャワールームだけにしました。
でもこれ、あとでちょっと後悔しました。
やっぱり、
少なからず、
親世帯に
気を使う
部分が
ありました。
ちっちゃくても
お風呂に
しとけば…
リビングに
収納がないぞ
あら、
1階も2階も
収納は多いほうがいいです。
つけてもらいました。
実家の犬、
パルちゃんの仕事は、
ベランダから
外を見張る
ことです。
あやしい
人…？
2Fの
ベランダ
家が新しくなっても
仕事は続けてもらおうと、
ベランダに
窓をつけました。
これ、
オススメです。
ベランダも
湿気が
たまるんですが、
この窓があると、
自然に
換気ができますよ。

チャーにはトイレスペース。
なでんニャよ！
まだなでてねーよ
ネコのトイレって、けっこうでかい！以前の家では、トイレがかなり狭くなっていました。
ネコトイレ
そこで、1階トイレの隣、階段下の開いているスペースにネコトイレを入れられるようにしました。
ネコトイレ
犬猫を飼っている方、トイレスペースって以外に盲点かもしれませんよ。つくっておくといいですよー！
リビングにおく家が多いもんね
それに伴って、一階のトイレに、小さい猫用のドアをつけることにしました。これで、チャーひとりでも自由に出入りできます！※
ネコドアはマグネット式→
出入り、どちらにも開く
次にコストダウン！
¥

※ネットで購入　¥5,000～6,000くらい

でも、どういうところで値段を下げられるのかな？ドアとか？
201
いかにも安っぽいドアつけても悲しいしね
じゃあ、基本的な家の柱を減らす！
欠陥住宅だよ！
じゃあー、くっちゃんの部屋の天井のブラインドを電動から手動に
えっ、まず僕の部屋っ!?
5万円コストダウン
手動
一階の和室の地袋を普通の出窓に。
収納は2間分の押入れがあるもんね
出窓＋地袋
出窓のみ
長押《なげし》
鴨居《かもい》
柱
和室の鴨居、長押をとっちゃう。ウチはツーバイフォーだから、これはただの飾りなんだって
これらで、和室は
20万〜30万のコストダウン

あと、2階に雨戸、いるかな？
ガラガラ
あー、どうかなあ？
アパート
マンション
いまのアパート、ついてないじゃん？
前に住んでたマンションもなかったよ
約17万円のコストダウン
雨戸ない
2階の、縦長の窓や、縦スライド窓の雨戸は、製品がないんだって
じゃあいらないかなー
数万円のコストダウン
手すり
下4段だけの階段の手すりを取る
その他、西側の窓の花台を取る
花台
家事スペース
一階の家事スペース用のカウンターを取るなど細かく図面を見ながら書き出していきました。

ちなみに、台風の多い
場所や、雪の多い地方では、
2階にも雨戸を
つけたほうがよい
ということですよ。
計画が進むと、詳細な
見積書が出来てきます。
ねえ、階段って
1セットで
いくら
でしょう？
えー？
253,770円！
え！意外に安い！
MACより安い！
何十年も使える
階段が25万？
5年もしたら
もうスペックがとか
言ってるMACより
ずっと安いのに？
そうなんでも
物の値段をマックと
比べるのやめない？
ヴィーヴィー
マックユーザ
分厚い見積書にはいろんな部材の
値段が載っていて、面白いです。
一つ一つはそんなに高い値段では
ないけど、これらが集まって
数千万という
価格になるんだなーと、
想像ができます。
というわけで、いよいよ来週は…
住宅ローンの
契約でやあっ!!
ひぃー
びびりすぎ!!

びびる!
住宅ローンの契約
知ってるよ
窓口にはコワモテのおじさんがいてさ
いくらご入用なんですか
っていうんだよ。
どどど、どうしようー、書類にハンコ押した日にゃ、ケツの毛までむしられて…
ナニワ金融道の話?
違うよ! 住宅金融公庫(※)!!
そんなかーー!?
違います
住宅金融公庫(※)には窓口はありません。銀行に申し込むんですよ
そうなの?
へー知らなかった
大丈夫です。僕も一緒に行きますから
助かりますーー!!

(※) 2007年4月より住宅金融支援機構となっています。

渋谷、
某都市銀行
いらっしゃいませ
住宅ローンのお申し込みですね？
親切そうな、初老の紳士だったよ！
ご機嫌そこねないように、気をつけて！
何しろ、お金を借りに行くんだから、キチンとしたカッコウのほうがいいかなあ、とも思いましたが、貧乏そうに見せたほうが、思わずお金を貸したくなるんではないかという結論で、普段の服装で行きました。
実際そんなことないと思うけど
住宅ローンの種類は、固定金利型、返済方法は元利均等返済型にしました。
詳しくは第2章の9住宅ローンについてを見てね
さあ、申し込みが済んだので、あとは承認の返事を待つばかり！
でも…
201

その返事がなかなか来ない!
申し込みをしたのが5月9日。たいていは1ヶ月以内で承認が出るらしいので、工事の着工は6月というスケジュールを立てていました。
スケジュール
…ひと月経ってもまだ来ない!!
来ないねえ
ポストの中
ごくまれに、審査が通らない人がいるらしいけど……
それがウチかー!?
ほんとに大丈夫なのかなーM田くん~
えぇー。95%は大丈夫だと思うのですが…
……
確証はないからそれ以上言えない
その5パーがウチかー!?

でも、こっちのほうがもっとナーバス。
受け答えに、もっと声を張るべきだった!?
舞台のオーディションかっ！
台本
アメンボ アカイゾ
アイウエオ！
こっちにももう1人ナーバスが。
家を壊した後に、お金が借りられないってことになったらどうするの？
そんなこたぁないって!!
胃がいてぇ
申し込みから45日目。
あ
やっときた——!!
認承
この間は、ずっと心配させられました。
お金が借りられないと、これからの計画、全部なくなっちゃうもんね。
貸付認証までの期間は、受け付けた銀行によっても違いがあるらしいです。
ネットで見た情報では、3ヶ月かかった、という人もいました。
ガンバ！

住宅金融公庫（※）の返事が来るまでに、もうひとつやっておくことがありました。
うーーん、ないですねえ
やっぱし…
犬猫可の貸し物件がなーーーい!!
父母と犬猫の仮住まい探しです。
家から近くて、犬猫を飼ってもいい物件が、見つからないので困っていました。
どうにかなるわよー
↑裏づけのない自信
ネットでの情報はもちろん、地元の不動産屋さんに聞いたり、近所を歩き回って探したり。
空家かなー？
営業のM田くんも探していてくれたようですが…
うーん、やっぱりなくって…
それが、こちらであったんです。**一軒家が**
えっ!? ホント？
（※）現住宅金融支援機構

えーと、○○寺の向かいの家で
ウチから歩いて5分だよ！
やったー!!
確定
ええ、でもお母様が…
お線香くさいから
イヤ！
って…
逆転 敗訴!!
煙でいぶしたろかーーーっ！
一瞬、射した光は瞬く間に暗転。
犬猫はどっかに預けるしかないかも…
と、思いはじめたある日

部屋あったわよ
えーっ、ほんと!?
久しぶりに顔をあわせた知人に
えっ、仮住まい?
じゃあ、ウチのアパート使ったら?
えっ? アパート持ってるの!?
こんなふざけた偶然があるでしょうか。2DKの貸し物件がたまたま空いていて、犬猫もオッケイにしてくれたそうです。家から徒歩5分!
最強!
こっちはこんなにヤキモキしたのになんだかな～
賃貸情報誌の山
住宅金融公庫の返事待ちの間に、家のいろいろな部材選びもしました屋根材、ドア、床、窓枠、トイレ、壁紙などを決めていきます
トイレの色は小さい見本で決める
ちっちゃ!

これ、すっごく大変なので、みなさんも心してかかってくださいね。1日以上はかかりますよ。
ただ、カタログの中のキッチンが気に入らなかったので、他のメーカーのものを探しました
だって色がグレーかベージュ系ばかり
ここで
小野先生Check!
これ、注意です
ハウスメーカーは、システムキッチンなど、家の設備を「年間○○件注文するから、値引きしてくださいね」と、建材メーカーと契約します
×年間で注文＝安くして！
たくさん
だからそれ以外のキッチンをつけるとなると…
●値引きの対象外の商品になる
●注文してくれないペナルティーをハウスメーカーが請求される
だから結果的に値段が高くなるんです
うーんでも…キッチンは好きな色にしたかったんだもん
という方は、ちょっと高くなることを知っておいてくださいね

それにしても、
好みの
キッチン探しは
ショールームを
歩いて見て回ったので、
とってもとっても
大変でした。
山のようなカタログ
おかげで気に入ったのが
見つかりましたけどね。
マットなオレンジっぽいきいろ
みえない
みえる
吊り戸棚は、
すりガラスで
半分すける
タイプの扉と
透けない木の
扉の2種類が
あって、悩んだ
のですが
カワイイ!
見せる収納が
得意でない人は、
外から見えない方が
安心よ。
ビッチリだし!
でも、
キッチンを選ぶだけでも、
これだけ大変なのに、
標準のものがない建築家や
工務店に家づくりを
頼んだ場合は、
そうとうな気力と体力が
必要だろうなー、
と思いました。
みなさんがんばってね!
心してかかるべし!

古い家、今までありがとう。
どう？こんな色味で
おお、いいじゃーん！
プリントプリント！
決定した外観の図面に、色をつけてみました。
プリント
ブーィ
色は印刷に使うカラーチップを持って行き、レンガや吹き付けの色見本と見比べて選びました。
印刷用カラーチップ
切って使う
外壁の色見本
カラーチップがない方でも、色のイメージはハッキリ持っていたほうが、失敗がないと思いますよ。
モスグリーンがいいかなあ…
でも、家となると、面積が広いからね
うん、薄い色でも濃く感じると思うので、注意です
最終的な図面も決定しました。
2階の水周りがちょっと変ったかな

これが決定図面です

1階
（両親世帯）

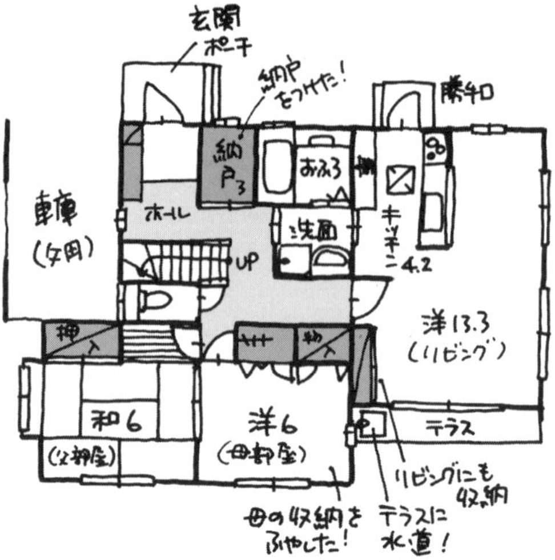

玄関ポーチ
納戸をつけた！
勝手口
納戸3
おふろ
車庫
ホール
洗面
キッチン4.2
UP
洋13.3
（リビング）
押入
和6
（父部屋）
洋6
（母部屋）
テラス
リビングにも収納
母の収納をふやした！
テラスに水道！

2階
（わたしら世帯）

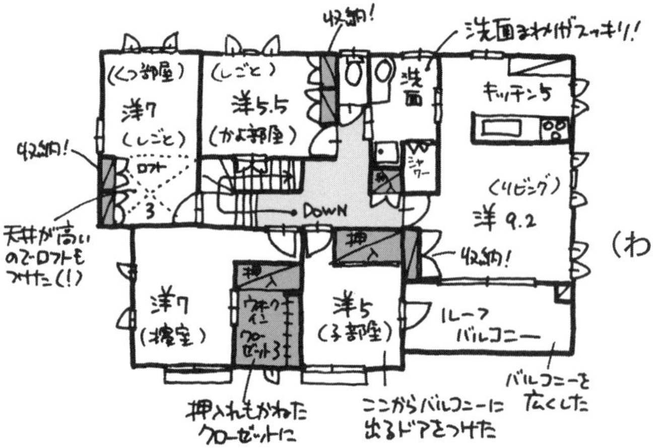

収納！
洗面まわりがスッキリ！
洋7
（しごと）
（しごと）
洋5.5
（かよ部屋）
洗面
シャワー
キッチン5
収納！
ロフト3
DOWN
（リビング）
洋9.2
天井が高いのでロフトもつけた(!)
押入
収納！
洋7
（寝室）
ウォークインクローゼット3
洋5
（子部屋）
ルーフバルコニー
バルコニーを広くした
押入れもかねたクローゼットに
ここからバルコニーに出るドアをつけた

東側

北側

そして、そろそろ父母&犬猫が仮住まいへの引越し。
進んでるかな？様子を見に来たよー
あらいらっしゃい
いつもどおり
ずて
荷物の箱、ひとっつもないけど!?
えー？まだまだぜんぜん
ぜぜぜんぜんって、来週引越し！
だーいじょうぶようー
きっ
大丈夫なワケあるかいっ！引越しなんて、三十数年前に一度やったきりなくせにっ！
き〜っ!!
手伝うから上の棚だけでもかたづけない？
ここは何はいってんの？
台所の吊り戸棚

箱
ぎっしり
なにかしら
わからんのかいっ！
ニャンダロウ
隣は…
タッパーの山
しかもハンパ物！
フタがどれにも合わないいっ！
なにかに使えないかしら
わっ、これまだ使ってるの？
昭和〜
ガス炊飯器
新しいの買ったよね？
でもおいしくないの 電気じゃダメね！
炊く時はガス釜で、保温を電気ジャーでやってるの
うわなんかめんどくせー

でも、このガス釜レトロでいいよね。使えるんだったら…
いやあ、でも最近は火のつきが悪くてね
何度か爆発した
引退させましょう!
その後、〝圧力炊き〟炊飯器で炊いたご飯を食べた母は、
ナニこれっ!? うますぎっ!!
速攻で買い換えてました。
みんなが仮住まいに引越したら、家の取り壊しになるわけですが…
取り壊し、見に来る?
ううん
いやあ、見ないね
ワン
ニャー
実際、見に来ない施主さんが多いそうです。そうだよね、なんだかさみしい感じがするもんね。

私は…結婚してから家を出ていたので、それほどノスタルジックな気持ちにはなりませんでした。
実家は最初は平屋で、その後、2階を増築しました。
どういうわけか、最初からベランダのドアは鍵が閉まらなかったし、階段上のサッシは動かなかったけど。
ぬ〜〜っ!!
おまけにすごく揺れる家だったので、解体のときに、造りを確認してやろう、と思っていたのですが、都合で見に行くことができませんでした。
トントトン…
グラグラ
階段を上る音
私は平屋のときの家のほうが好きでした。当時は木製のガラス窓。冬はそうとう寒かったと思いますけど、小さいときの思い出は、ほんわか温かいものが多いです。
やさしい犬だったチビ。
ネコたち

ちなみに犬、ネコは、車にひかれて死んじゃったコが多いです。ホラ、ウチ、交差点に近いからね。
うわあああああん!!
小さいときにはニワトリもいたな。ヒヨコがかわいかった。
ピヨ
ピヨ
ピヨ
ピヨ
ピヨ
ピヨ
でも、車がフンでよごれるからと、父がどこかにあげてしまいました。かわいがっていたのに。
ピ〜ヨ〜ちゃ〜ん!!
ホラね、小さい胸を痛めた、悲しい思い出ばかりです。
ほんわか暖かくねえぞオイ!
そんなこんなで、いよいよ家づくりが始まります。
あっと、工事が始まる前には、ご近所に、挨拶を済ませておきましょうね。少なからず、ご迷惑をかけますからね。騒音とか。それから…
おかし
手みやげ
長く一緒に住んでいた彼らの引越しもあるからね。
キャー!!
ゾロゾロ…
よろしく〜

●4章●

家づくりが始まった！

7月10日 古家解体
ここも切らないとダメですね。
現場監督の川北さん
なるべく残したいんですけどー
ええ、でも基礎にかかってくるので
家の解体は、公庫の承認に時間がかかったので、最初の予定から1ヶ月遅れになりました。
スケジュール
今日は解体の打ち合わせ。残したい庭木にしるしをつけていきます。
これは大丈夫です
はい
庭にはたくさんの植木があります。でも、これがほとんどとっておけない。
だって、今の家はこんなかんじで
家
新しく建てる家はこんな。庭がほぼなくなってしまうのでした。
家

春先に
可憐な花をつける
すずらんも
そこらじゅうに
いい香りを
漂わせる
大きな
キンモクセイも
大輪のシャクナゲ、
黄色いエニシダ、
オオデマリ、
ドウダンツツジ
みんな家と一緒に
さよなら
することに。
いつも
手入れをしていた
母に申し訳ない。
ごめんね…
植木…
いいわよ。
もう十分
世話して
きたから
でも最後にはいつも
だってしょうが
ないじゃない!!
どーーん…
って言うし。
でも、
かなりの数の植木は、
友達や近所の人に
もらわれていったので、
よかったです。
どうしても
とっておきたい
数本は、
一度別の場所に移し、
あとでまた植えてみる
ことにしました。

草木はなかなかナイーブなので、根付かないことも多いのですが、世話の甲斐があって、後で無事に根付きました。
それと…、私には庭を掘り起こす際に、ひとつ心配なことがあるのです。
な、なななに？
誰にも言わなかったことなのですが
あの花の咲く庭には…骨が埋められている!!
ホ、ホラー!?
そうなのです。ウチは、昔から犬やら猫やら鳥やら金魚やらを飼っていました。
そのコ達はホラ…みなこちらに
キャーーー!!

工事の人が作業中に…
ギャー——!!
ゴロン
犬
こっちも?!!
ゴロン
猫
なんてことになったらどうしようかと!!
そんなに埋まってるの!?
思い出せる限りでこんな
ギャー——!!
家
庭というよりむしろ動物墓場!!
ペットセメタリー—!
そんなかんじで、ドキドキしていたのですが、みなさん無事に土に還られたようで、なにもホラーなことは起きませんでした。ほんとうによかった。

そして解体の日
職人さん、すごくテキパキ働いてたよ
と、様子を見ていた隣のHさんが、母に教えてくれたそうです。
暑い中、ほこりにまみれての仕事、おつかれさまでした。
さあ、ここからいよいよ家の建築が始まるわけですがここで小野先生チェーック！
工事が始まってからのチェックポイントを教えてください
まずは、現場をよく見に行くこと。できるだけ顔を出したほうがいいですね
でも、現場を見ても、専門的なことはわからないと思うんですけど
いいんです、わからなくても
現場を見て、疑問に思ったことは素直に聞けばいいし、いろいろ教えてもらってください。大切なのは、実際に仕事をしている職人さんと会って話をすることなんです

結局、現場で
家を建てるのは
職人さんですから、
家の出来は職人さん次第
というところがあります。
例えば…
施主がほとんど顔を出さず、たまーに来たと思ったら
おい、工事遅れてるんじゃないかー?
文句を言うような現場と
ちょくちょく施主さんが顔を出し、世間話をするような現場
あべさんが職人さんだったら…
後者がイイです!
ですよね
大切なのは、お互いの信頼関係です。この人のためにいい仕事をしよう!と思えるようなね
人と人のことですもんねー
ようしそれでは!
建築スタートだー!
カチーン!
家建築

7月15日
地縄張りと地鎮祭
「地縄張り」は建物が建つ場所に縄を張って、位置確認をする作業です
じゃがバタホームのM田くん
お、張ってある！
この位置に家が建ちますよ
地縄
なんかすごく小さく見えますけど
このときが一番小さく感じるんですよ
もっとでかい間取りにすればよかったなー
これ以上敷地ないから
ちっさくないか？
そして地鎮祭というのは建築、工事に先立って、土地をお清めし、工事の無事をお祈りするお祭りです。
お願いしておいたものは…
はい！もってきました、お酒と塩とお米！

…と大福とせんべい？
それは頼んでませんけど
おやつでしょ？
きちんと地鎮祭をする場合は、神主さんにお願いして、お払いをしてもらいます。お支払いするお金は玉串料とか、初穂料といい、相場は2万～5万円だそうです。
ウチは昔から住んでるところだし、（たぶん土地に呪いはかかってないだろうし）お金を少しでも節約したいので、自分たちでやることにしました。
塩
ここで
小野先生Check!
絶対ではありませんが、地鎮祭は簡易ではなく、きちんとされることをお勧めします。土地の神を鎮め、工事の無事・安全を願うものだからです。また、施主が「これから自分のプロジェクトが始まる！」という自覚を持つ、いい機会だからです。
土地の四隅にお祈りしながらお酒と塩とお米をまきます。
〝工事が無事すすみますように〟〝工事が…〟
お金がもうかりますように。宝くじが当たりますように
なんか違ってきてますっ！
ブツブツ
よろしくお願いいたします
本当に無事にすすみますように！
ペコリ

7月24日
基礎工事開始
ウチは建物の床面全体が鉄筋入りのコンクリートになっている『ベタ基礎』という基礎です。
まず、砕石を敷きその上に捨てコンクリートを敷き、
砕石を平らにする
ドコドコドコ
その上に配筋
防湿コンクリートを敷き
部屋の境目にこういう型をつけ、コンクリートを流し固めます。乾いたら型をはずしてできあがり。
基礎の構造はこんな感じ。(施工会社によって、違うことがあります)。
コンクリート
鉄筋
防湿シート
捨てコンクリート
砕石

コンクリートが乾くのには時間がかかります。8月10日に基礎が完成しました。
でーきたーーー!!
コンクリートから出ている太いねじのはアンカーボルト。これに基礎と建物をつなぐ土台を固定します。
アンカーボルト
ここで小野先生Check!
基礎はもっとも大切な部分。配筋の位置がずれていないか、コンクリートに大きなヒビなどはいっていないか、目で見て確認しましょう
なんだか、ちょっと家っぽくなってきた!
きたね!!
お茶淹れてくれる?
はいどうぞ
缶コーヒー
あほだ——!!
でもたのし——!!
うひゃひゃひゃ
…暑いから

8月21日 1階の床
おっ、材木がたくさん来てる!
1階の床の工事が始まっていました
コンクリの基礎の上に換気のための基礎パッキンを敷き、その上に土台を敷いていきます。
基礎パッキン
土台
基礎
その上に床になる木材を組み、
防虫剤を塗り断熱材をびっちり入れていきます。ウチの断熱材は押出法ポリスチレンフォームの60㎜というものでした。
そしてその上にベニヤを敷いてマシンガンのようなエアー釘打ち機でバシュンバシュンと打ち付けます。
クギ
バシュ
バシュ
ベニヤ
1階の床のできあがり

この年の夏は特に暑い日が続き、炎天下で作業をする職人さんは真っ黒！
こんなに人は黒くなれるのかというくらい黒い！
はっはっはタオルが何本あっても足りないですよ
はっはっは
日陰だとどこにいるのかわからない！
影と同化してる！
どうぞ、飲み物です。少しですけど
どうも、いただきます！
うしろに2ℓペットボトルがたくさん
マジで、これじゃ少しすぎるわ
あとでもっと買ってこようね
ごきゅごきゅ

それにしても…
この大きさの
現場にしては、
職人さんが
一人なのは、
頼りないような
気が…
夜、M田くんに電話
はい。
予定では
2人から3人
入る予定
だったん
ですが
公庫の承認が
遅れたぶん、
スケジュールが
変わって…
あー！
そうか！
あいつのせいで!!
他の現場が
終わり次第、
こちらに職人
さんが来て
くれるって
りょうかいー
ピ
わー、
明日も
真夏日だって
職人さん、
熱中症にならないかねえ
そうだ！
今度、
塩もって
行って
あげる？
それ
馬じゃ
なかった？
元気がでるよ!

8月28日
1階の壁、天井
わー!家っぽくなってる!
周りに足場が組まれて、1階の壁が一部だけど、立ち上がっていた。
みてみて、窓
ほんとだー!
そこから見える風景は、今までの家から見えたのとはまったく違っていてちょっと特別な感じがしましたよ
遠くまで見えるよー
家の中は骨組みだけの、まさにスケルトン状態
すごく木のにおいがするね
やっぱり家は木だあねー

これが、鉄骨とかコンクリートだったらさあ…
きゃー!!
ん?
まだ基礎だけ
僕の部屋がつくられてない!
ほんとだ!何もない!!
くっちゃんの部屋
車庫
つつだけ何もできてない
忘れられてるんじゃ…
そんなわけないよー たぶん
かよちゃん、コスト削減とかいって、部屋削減してないよね?
あっ!!
…いやいや、それはないはず
はずってなんだっ!
大丈夫だよ、あとでちょいちょいとくっつけてくれるさ
あつかいが軽いっ!!

このところ、ずっと大工さんは一人だったそうです。
大工さん一人で壁はどうやって立ち上げるのかなーと思ったら壁に縄をつけ、てこの原理で持ち上げるのだそうです
床
見たところ、複雑なパーツはないので、
ちょっと経験を積めば、組み立てられそう
カーーッ！なめた発言
へへっ
1階の天井も部分的に出来ていました。
じゃがバタホームは遮音効果の高い吊り天井という方式です。
2F床
1階天井
この床に関して、住んでからの感想ですが、
うん、ほんとうに静か！
もっと後の感想ですが、
どどど…
子供ができたら、あまり効果はないようです。
うわーーー、家が壊れる！

私たちは仕事で、あまり現場に来られないのですが、母は毎日現場に顔を出してくれていました。
じりじり
お茶やお菓子を差し入れては、世間話をしたり。
職人さんの家庭の事情にまで詳しくなっていました。
それで、離婚しちゃって。子供二人いるから養育費が大変よお
そうなの？
小野先生の言っていた、職人さんとの信頼関係。それをきっと母がつくってくれていたと思います。
このゴミ、捨てておくわよー！
あっ、スミマセン！
ゴミ
そして、まだ大工さんが一人のまま、屋根がまだできないうちに…アレが来てしまった!!
天気
台
今年の台風は非常に大型で…
台風の当たり年になりそうです
えええええ――っ!?

9月5日 台風襲来！
すごい雨が降った。
どどどどー
大型の台風が近づいている影響です。
現場の様子どおー？
母に電話
もう、
びっちゃびちゃ!!
げっ
↑暗い声
昨日の雨で、床のベニヤが雨を吸ってゆがんじゃった
ええええー？
今日も雨降ってんだけど、そのまんまにしておけないからさ、雑巾たくさん持っていって、床拭いたわよ
で、手ぇ切った
ザク
だあっ!!
げっ!!
大丈夫—？
台風が来そうなのに、まだ屋根ができてないでしょ。これじゃあ困るから川北さんに頼んだのよ

屋根を先にあげてちょうだい！
いや…それは…
現場監督の川北さん
できないっていうのよ!?
できないよ！ツーバイフォーだからっ!!
木造軸組み工法は屋根を先に架け、後から壁をつくっていくので、施工中の雨の心配をしないで済むのです。
いっきに屋根まで
そこいくとアレだ。ツーバイフォーは1階の床、壁、天井、2階の床、壁、天井とつくっていくので、屋根は一番最後にならないとつかないのです。
③
②
①
それなのに台風が来るなんて最悪…。
台
あんたからも屋根をつくってって、頼んでよ
えー 無理だと思う
床下のところは、水がたまってるから、明日モップ買っていくわ。
たぷたぷ
ひえ～お願いします…

パタ
パタ
パタ
あ、そうだ くっちゃんの部屋だけど…
まだ できてないって
カチャ
やっぱり忘れられてる〜〜〜〜!!
こうなったら少しでも雨が降らないことを祈るばかりだけど…
ばたり
次の日も雨
雨でも大工さん来てたよ
がんばってくれてるんだね
その後も雨続き。土曜日に晴れて、現場を見に行きました。
とばすぜ 外環!!
9月9日 2階の壁まですすんだ

うわー
やっぱけっこうキテる…
降ったもんね
見て、ここなんかふにゃふにゃ
ふにふに
あのー、これ大丈夫なんでしょうか?
あー、大丈夫。乾いちゃいますよ
ほ、ホントかなあ??
まだ台風来そうなのに??
今日も朝から雑巾で拭いてたのよ
どうもありがとう
3日と空けずに雨続きなので、ほとんど毎日、たまった雨を拭いてくれているそうです。
監督の川北さんもちょくちょく来て、一緒に拭いてるよ
いいからいいから
お母さん!危ないから私がやりますよ!!

昨日は大工さんと大工さんの奥さんもやってくれた
…すまないねえ
早く屋根があがるといいんだけど
あっ！ あぁっ！
僕の部屋の床が張られた〜!!
中2階の床
なーんだ、忘れられてなかったのか
帰ってから監督の川北さんに連絡
床材は雨にぬれても変形しないものを使っているので大丈夫です
そうなんですか？（でもふにゃってたけど…）
ツーバイフォーの工法は、屋根が出来る前に雨が降ると、当然ぬれてしまう。でも、それを前提で、ぬれても大丈夫な材料を使っている。きちんと乾燥を確認してから次の工程に進むので、安心してください、とのことでした。
来週から大工さんが増える予定です
ありがとうございますー
でも、その7日後の9月14日。屋根があがる前に…
台風直撃。
ウヒョヒョヒョヒョ

次の週、現場の様子は悲惨でした。
びちょ〜
壁、床、床下、全部が水浸し。
新築なのに…もう廃墟みたい…
床がぐにゃぐにゃ!
濡れても大丈夫な床材だって言ったのに!
木材が水をたっぷり吸った上に、また雨が降ったせいで、木材の上にも水がたまっています
天井にもしみが〜
ひどいよー
こんなびちょびちょの木材の上に畳を敷いたり、壁紙を張ったりしたら…
家中かびだらけ〜〜!!
欠陥住宅じゃないか!!

大丈夫です。完全に乾燥してから次の作業にかかりますから
でも、乾燥ってどうやってわかるんですか？
水分含有計で計ります。コンクリも完全に水分をふき取ります
あと、この床材なんですが…後ほど全部取り替えます
？
実は注文した床材と違っていたんです。雨に強い加工をしたものではありませんでした
そうなの？
交換してもらえるのはよかったけど、なんだかちょっと納得がいかない気分。部材の違いなんて、素人にはわからないからね。
もし、ドアも注文したものより安いものを使われてたら？なんて、疑いたい気分になってくる。いや、そんなことは考えちゃいかんけど。
信頼してお任せしないと……。
来週から大工が3人～4人来ます

でも、あまりのヒドイ
水浸しぶりに、
みんなダメージを
受けていたのも事実。
めったに口を
出さない
父親でさえ
どうすんだ、
アレ。
すぐ腐るぞ！
木なんだから！
焦りの色を
見せていました。
私にいうなよ
翌週から、
川北さんの
言っていたとおり、
大工さんが3人から4人
来られるようになって
9月24日には、
すっかり屋根の
骨組みまで
出来上がりました。
その後にも
激しい雨が
降ったけど、
屋根のおかげで
前ほど被害に
あいませんでした。
ほっと一安心
…と、こんな感じで
マンガには
描いていますが
その当時の
建築メモは…
職人さん増えて
屋根が
あっという間に
あがる。
最初から
そうしてろよ！
うわー、
荒れてる
荒れてる

9月27日 棟上
上棟式とは、無事棟が上がったことを喜び、つくってくれた職人さんたちに感謝する、お祝いみたいなものです。
ウチの昔の家を増築したときには、職人さんを呼んで、上棟式をしました。
2階を増築
いつもは大工さんが一人きりで作業をしていたのに
トントントン
その日は見たことないくらいの人がたくさん上棟式に来ていて
ワイワイ
ワイワイ
子供ながらに
この人たちずうずうしいったら!!
と思ったことを覚えています
いや確かに工事関係の人だったんでしょうけど
そして、今回の棟上は略式。母が工事関係者の人たちに、商品券と贈答用の石鹸を用意してくれました。じゃがバタホームからはお酒をいただきました。
お祝い

ここで
小野先生Check!
棟上式は、行わなければならないものではありません。地域によっても違いますので、建設会社の方と相談すると良いと思います
でも最近では工事関係者の人もあまりやりたがらない…
え？ごちそうが食べられるのに？
その日一日、仕事ができなくなりますし、最近は車の方も多いので、お酒も飲まないし…それより**仕事を進めたい**というのが本音のようです
みなさま、ご参考に！
ところでこの日は、電気工事、ケーブルテレビ＆インターネット業者、外構工事、ガス工事、設計士などが来て、工事のための最終確認が行われる日でもありました。
テレビやネットの配線を決めたり電気のスイッチやコンセントの位置を決めたり
えーと
使い勝手をシミュレーションする
この決定で、何十年もの使い勝手が決まると思うと気が抜けない
すごく大変だ!!
それなのに…
くっちゃん、インフルエンザでダウン！
ぼくのことはいいから…行って
ヴェホヴェホ
まったくこんな時に!!

現場につくと、いろいろ決めていきます。
こういうことも決めるのか！
ということがけっこうあるので、書いていきますね。
電気とガスのメーターの場所を決める
ガス
電気
テレビのジャックをどこにつけるか決める
賃貸に住んでいると、「あーあ、ここにテレビのジャックがあったらなー」と思うことがあるはず！だいたい部屋のレイアウトも決めておくといいですよ。
ココに!!
インターネットプロバイダの決定とLAN※ケーブルの配線を決める
ウチはネットとテレビが一緒のラインで引き込めるケーブルテレビの会社にしました。
PC
TV
ウチはまだブラウン管さ
LAN配線は、スター形配線※というものにしました。
モデム
ブロードバンドルータ
HUB
パソコン

※家庭内ネットワークのこと

※1箇所から放射状に分ける

コンセント、スイッチの位置を決める
家にはたくさんのコンセント、スイッチがあります。全部シミュレーションしてみましょう。すごく大変です。
エアコンをつける位置を決める
エアコン用のコンセントも忘れずに。
エアコンの室外機を置く場所を決める。
これ、けっこう場所とりますよね。設計のときに一緒に考えておくといいですよ。
外で使うための水用コンセントをつけるか決める。
外用のコンセントは意外と便利ですよ。洗車するときに使ったり、外置きの照明に使ったり。クリスマスのイルミネーションも。(やったことないけど)
そのほか、外構屋さんと打ち合わせ。門とか、フェンスとか、駐車場のコンクリートなどの施工をするのが外構屋さんです。
そうそう、あと、忘れそうなのがもうひとつ。表札づくりですよ。
表札

家の足場がはずれてから、外構の工事にはいるので、それまでに用意しておいてくださいといわれました。
ウチは、くっちゃんがデザインして、東急ハンズでつくりました。(ステンレス製で1万6千円くらい)
そんなこんな、いろいろな打ち合わせをして、終わった頃にはへろへろ。
ずいぶん前にやめたタバコを1本吸ってしまった。
ゼー
よけい目が回る
あっ! 帰らなきゃ!!
もう?
がたっ
僕のことはいいから
ゴボゴホ
おかゆつくってー
早く治っておくれー

10月1日 壁、天井
なんとかくっちゃん…
復活―――っ!!
ジャキーン!!
いやあ、
ひどいもんだよ
インフルエンザ
ってのはさあ
かかった人じゃ
ないとわからない
と思うけどね
そこで、
その気持ちを
歌にしました
聞いて
ください
ずたー
インフル
エンザー♪
エンザエンザ
エンザアーあ
あー♪
(リンダリンダ
の曲で)
現場見に
行くんで
しょー?
どー
ぶー
ねーずみ~
みたいー♪
ええい
うるさいっ!!
おお、
けっこう
進んだ!
じゃーん
でもカバーで
よく見えない
2×4

あっ！
ドアがついてる！
すごいーー！
あれ？
ガチャガチャ
もう戸締り万全…
ええーーーーっ!!
せっかく来たけど中が見られませんでした。残念。
ちぇっ
数日後、現場監督の川北さんから連絡
先週水曜に、ぬれてしまった木材の水分を計る検査をしました
あーはい！
きちんと乾いて、問題ありませんでしたので、次の工程に進んでいます
はーよかった
次の週、現場で確認したけど、木材はきちんと乾燥していたようです。色はかなりどよーんとなってしまったけど…
被害のヒドイところはつぎはぎ
もしこの本を読んだ方が家を建てる時期を選べるとしたら、梅雨時と台風の時期は避けたほうが安心かもしれませんね。
雨
台

10月7日
壁に断熱材が入り、防湿フィルムが張られていました。
ロックウール
壁の構造はだいたいこんな感じです※。
外壁
防水紙
断熱材
（ロックウール）
防湿気密フィルム
外壁下張材
石膏ボード
※施工会社によって多少違うかもしれません
あ、ここ…
ロックウール
断熱材って、みっちり入っていないと意味がないって本で読んだんですけど
そうですね、直します
スキ間
壁や天井の断熱材は均一に入っていないと、断熱効果が下がってしまうんだそうです。ちょっとした隙間でも、気がついたら直してもらうといいと思いますよ。
わ、木が緑色に染まっている
くさった!? 腐ったね!?
（1F）
防腐防虫剤です
1階は全部の部屋、2階は水回りだけ散布します
ほほお

屋根もすっかり出来ていて、うれしい。
屋根の構造はこんな感じ※。
屋根材
防水シート
野地板
垂木
けっこうシンプルね
ぎっぎっ
あれ？
なんか、ここだけ鳴る
はい、直しておきます
ぎっぎっ
床鳴りの原因はなんですか？
多くは乾燥などで木材が縮んで、フローリング同士や、その下の床材とこすれることで起きます
けっして、体重の重い人が乗っているから、とかでは…
違います
住み始めてから鳴ることもあるので、そのときはお知らせください。メンテナンスにまいります
は──い

※施工会社によって多少違うかもしれません

川北さんの言うとおり、床鳴りは、その後も4箇所くらいありました。
（完成後）
あれ？ここも
ぎ
すぐにメンテナンスの方が直しに来てくれたのですが、
ぎー
ぎ、ぎっ
…ここだな
キラーン!!
細くて長い釘
とと、とん!!
おお!?
ホラ、もう鳴らない
すげえ！必殺仕事人みたい！
その見事な刺客っぷり…じゃない、仕事っぷりに感心！
いまのもっと見たいー！
ぎゅうぎゅう
どすどす
わざと鳴らさないでくださいよっ！

10月10日
公庫の検査が済んだ
公庫の検査とは、建築確認申請や住宅金融公庫（※）の仕様に基づいて施工がされているかを検査するものです。
そしてこの頃、先日打ち合わせた電気やガス、テレビやネットの工事がすすんでいました。

（※）現住宅金融支援機構

いろいろ、手配にぬかりはないはずでしたが、予算的に忘れているものが、ひとつありました。
カーーテン!!
大変だ！カーテンっていくらぐらいするんだろ？
友達にカーテン屋さんがいるからたのんであるわよ
これ、見といてって
どすっ
どきゃ！
怖い怖い！値段がどこにもない！
オーダーカーテンってそうなんじゃないの？

オーダーギャップフン!?
大丈夫だって!すごく安くしてくれるって言ってたから
そんな言葉知らない
なんならカタログ通販とかでもいいかと…
モノが違うから!こっちでお願いしなさい
安心価格帯
Dinas
と言われてお願いしましたが…。いやあ、ほんとにモノが違う。
私はまさに、安物買いの銭失いなタイプで、お金をかけるべきところにもケチって結局すぐダメになってまた買いなおしたりするような、みみっちースパイラルを生み出すのが得意なのです。
カーテンもあのままだったらサイズが中途半端だったりすぐべろんと生地に腰がなくなるものを買ってみみっちー気分を盛り上げていたことでしょう。
ぺろん
いやあ、奥さんカーテンって大事ね
でもそこに踏み切れたのは
いいわよ、私がお金出してあげるからっ!
…のおかげなんですけど。

二週間ぶりに現場に。
↙でもカバーでよく見えない
2X4
かなり出来てる！
外壁の左官職人さんが作業をしていました。
しゃっしゃっ
うまいねー
キレーイ
手の跡つけてもいいかなあ？
記念に！
ダメだろ！
ダメですよ!!
中に入ると1階のユニットバスと2階のシャワーユニットが設置されていました。
わあー
こんなでかいの、どうやってねじ込んだんだろう。
ギャー
浴そう
ねじ込むんじゃないと思うけど

部屋の中は石膏ボードが張られていました。部屋の区切りができているので、とっても家っぽくなりました。
石膏ボードは大きさに合わせて、電気のこぎりで切って張るので、そこらじゅう白い粉だらけ
大工さんの長谷部さんも真っ白
おや、こんにちはー
うわっ!!
ぶわっ
あ、フローリング材だ
フローリングって、どうやって張っていくんだろう
僕もよくわかんないんだよね。いつの間にかできてて…
は?
長谷部さんってふざけた人だね
ふざけた長谷部さんに、1階トイレの扉につける、猫用ドアの取り付けをお願いしました。
すみません、自分でやろうと思っていたんですが…
ああ、いいですよ!
CAT door

①ドアの一部を切り取り
②猫ドアを両側からはさんでネジ止め
できあがり
じーっ
説明書
僕に出来るかなあ
絶対出来るって!!
次の週、猫ドアはカンペキについていました。
床にはフローリング、キッチンも入っていました。
すごーい！
ほんとだ！いつ出来たんだろ!?
あなたがやったと思います！
家が出来ていくとこは、楽しいよねえ
長谷部さんの家は2年前に建てたそうなんですが、
自分でやると凝りすぎる気がして、人に頼んだんだそうです。
何年もかけちゃいそうでさあー
楽しいから
あはは。そういうもんですかねー

11月3日
階段づくり、レンガ張り
現場に行ったら監督の川北さんが来ていた。
こんにちはー
お世話になってますー
引き渡しが11月26日の予定だったんですが、ちょっと遅れています。11月末には大丈夫だと思います
わかりました
今日は11月3日の文化の日。3連休なんだけど、職人さんが来て仕事をしてくれています。
ウィーン
トントン
職人さんが3人来て、外のレンガを張っていました。
家のおしゃれ部分
家の中では長谷部さんが階段をつくっていました。
わ、階段だー
ココが階段スペース
階段ってどうやってつくっていくんですか?
うーんとね…
大工のハセベさん

わかんない…
言うと思った！
階段だけは、プレカットっていって、工場でカットされたのでつくるんだよ。現場で調整ができないから、難しいんだ
へえー
1階の階段の下に猫のトイレを置くって言ってたでしょ？
はい
それね、どうせあいてるスペースだから、フローリング張っといたよ
ええ？ わあーい！
ネコトイレスペース（階段下）
あいている階段下をこうしてもらう予定が
階段下スペース
全体にフローリングを張って、一畳分の収納にしてもらっちゃった！

ありがとうございますー！
いやいや
こんなに良くしてもらえる理由の一端は…
毎日毎日、現場に来て、いろいろしてくれている母のおかげだと思うのです
最近は、現場をあまり見に来ない施主さんもいるらしいんですが、突き詰めるところ、やっぱり人同士の付き合いですからね。
気持ちよく仕事をしてもらうために出来ることって、ありますよねー。まあ、忙しくて難しいとは思うけど。
しかし、母の情報収集にはおどろいた。
川北さんちはお父さんが工務店をやっててね
長谷部さんちはお子さんがいるのに離婚しちゃってね
林田くんの田舎は愛媛で材木屋さんやっててね
すげえな奥さん！

屋根裏の収納（3畳）も出来ていました。使うときだけおろす、ハシゴ式の階段がついています。
屋根裏なので、天井高は125㎝と低いのですが、季節のものを、しまっておくのに便利です。
完成間近の家は、どこもとってもきれいで、ビンボー性の私はびびりまくり。
バチが当たりそう…
高いものではないんですが、「ピアノライト」という気に入った照明があったので、それだけネット注文しました。
2階のシンクの上には吊り戸棚をつけなかったので、手元を照らす電気がなかったのです。
スマートなデザインで気に入っています。（でも、なんでピアノって名前なのかな？）

11月11日 外壁の吹き付けが 始まっていました。
外壁の仕上げも、いろいろ あるようですが、ウチは 『モルタルの吹き付け＋部分的にレンガ張り』 というのに しました。
近所にステキな 外観のお家があって そこを参考に したのです。
このお家、いいよね
いいねえ
じゃがバタホームの M田くんに 確認してもらいました。
あれは なんと いうの？
あれに したい
モルタル 仕上げですねえ
さて、家に入ると…
うわ？
なんだろ この 機械？
ぶぃーーん
でっかい パスタ マシン！
違います

クロスにのりをつける機械です。プロ用のは、のりがついてないんですよ
へぇ
内装の職人さん←
少しずつ乾いていくのりなので、多少の張りなおしがきくんだそうです。
内装屋さんは、石膏ボードの継ぎ目や、くぎの頭をパテでうめて平らにしてからクロスを張っていきます。
←つなぎ目
クギ
まあ、その作業の見事なこと!
すーすすす
ほんとに職人さんの仕事は見ていて面白いです。
あれ
えっ!? もう終わり?
もっと見たい!
お昼食べさせてください

11月15日 外構の打ち合わせ
外の足場と現場を覆っていた青いシートがはずれた!
かわいいーー! いい色ーー! うわーい、うれしいーー!
デザインの仕事をしているので、色の感覚はわかっていたはずですが……
うーん、どうかなァ…
しかし
もう、くっちゃん天才! 色彩王子!
Yes!!
自画自賛がしばらく続きますが、省略します。
そして今日は外構工事の最終打ち合わせ
よろしくお願いします
最近は塀でぐるりと囲まない、オープンタイプの外構が多いのですが

ウチは犬猫が飛び出すとあぶないので、塀も門扉もあるデザインにしました。
昔の家は高くブロックを積んでいましたが
今のおうちは低いですよね。
うちも化粧ブロックを3段、その上に格子のアルミフェンスをつけました。
私たちの駐車スペースには、枕木や石を敷いて、かっちょいいデザインにしたかったのですが、
タイヤがのる部分に枕木
レンガ
小石
最近のガーデンデザイナーさんがこういう作り方をするんですが
これは、お勧めしません
車が出入りするたび、枕木に隙間ができて、がたがた動くようになるんです
ガタタタン
そうなんですかー

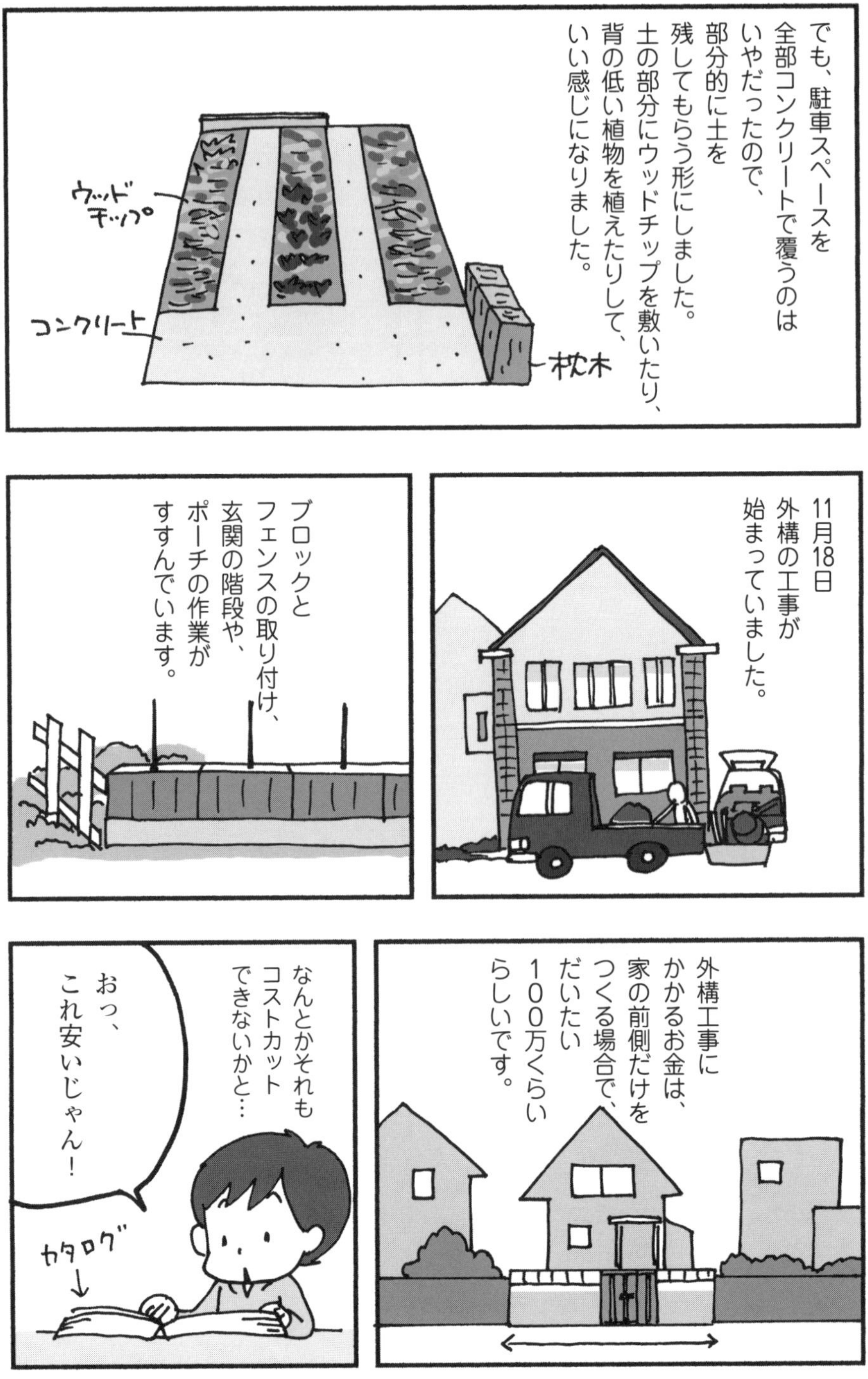

でも、駐車スペースを
全部コンクリートで覆うのは
いやだったので、
部分的に土を
残してもらう形にしました。
土の部分にウッドチップを敷いたり、
背の低い植物を植えたりして、
いい感じになりました。
ウッドチップ
コンクリート
枕木
11月18日
外構の工事が
始まっていました。
ブロックと
フェンスの取り付け、
玄関の階段や、
ポーチの作業が
すすんでいます。
外構工事に
かかるお金は、
家の前側だけを
つくる場合で、
だいたい
100万くらい
らしいです。
なんとかそれも
コストカット
できないかと…
おっ、
これ安いじゃん！
カタログ

こういうの
へー
よく見るよね、こういうフェンス
でも、他のと比べてほぼ半額だよ！安安安いっ!!
何が違うのかなー？
うーん、これは…
お勧めしません
スチール製で、雨がしみこみやすく、5年もするとサビが進んで、交換することになります
5年で？
その場合、下のブロックとは一体化しているので、全部を壊さないと…
ガラガラ
すみません！却下で!!
また安物買いの銭失いするとこだった
パキン
ホンット、得意だよねー

11月25日 内覧会 引渡し 家の完成
内覧会とは？
施主さんが出来た家をチェックする日です！
施工チェックシートを持ってきたのだ！
雑誌のキリヌキ
さすがかよちん！

主なチェック項目です！

建物外観

○外壁の亀裂、塗りむらなど
○エアコン室外気の位置
○外水道の開閉と排水
○門灯の点灯
○電気、上下水道、ガスメーターの位置

各部屋、玄関

○施錠のチェック
○照明の点灯
○窓の開け閉めはスムーズか
○ドアの開け閉めはスムーズか
○壁紙の仕上げ
○ドア、窓枠の仕上げ

水回り

○湯沸かしなどの機器の確認
○ガスコンロの点火確認
○換気栓の確認（外の排気口も確認）
○トイレの排水
○お風呂お湯入れ、排水の確認

気になるところがあっても直してもらうのは遠慮しちゃうなあ
いえいえ！
すこしでも気になるところがあれば言ってください。これから何十年も住む家なんですから！
じゃあ、すみませんコッチ！
速っ！

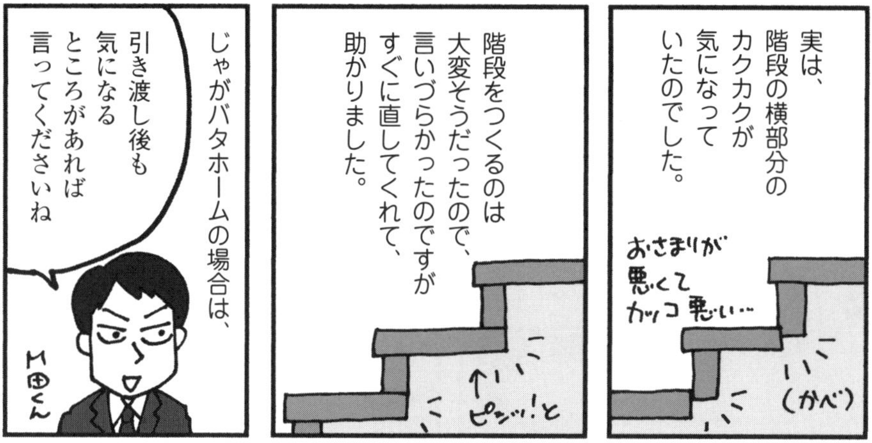
実は、階段の横部分のカクカクが気になっていたのでした。
おさまりが悪くてカッコ悪い…
(かべ)
階段をつくるのは大変そうだったので、言いづらかったのですがすぐに直してくれて、助かりました。
ピシッ!と
じゃがバタホームの場合は、
引き渡し後も気になるところがあれば言ってくださいね
M田くん

料金は?
基本的にいただきません
と言ってくれたので、安心していたのですが、施工会社によっては引き渡し後は別料金、というところもあるようなので、みなさん、ご確認くださいね。

ここで小野先生Check!

引き渡しの前に、いろいろチェックするのは大切ですが、もし住んでから何か具合の悪いところが見つかったとしても大丈夫。瑕疵担保責任というものがあります。

瑕《か》疵《し》担《たん》保《ぽ》責《せき》任《にん》

売買契約の目的物（宅地または建物）に、契約の締結当時に既に欠陥・キズ（隠れた瑕疵）があった場合、売主が買主に対して負う責任のこと。

売主が買主に対して負う責任とは、瑕疵の修復をしたり、損害が発生した場合に損害金を支払うこと。

売主が責任を負う期間は、民法では、買主が瑕疵を知ってから1年以内としている。

2009年10月1日引き渡し物件より義務化。

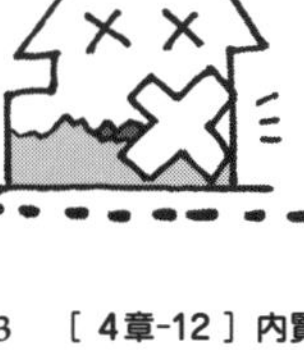

ベランダ
あ
はい？
物干しがついてない
ニーヤーの
あっ!!
追加で家の壁側にも物干しをつけてくださいと頼んでいたのでした。
コッチ追加
家
すっかり忘れていた様子
ベランダ
その後、しっかりつけていただいていたのですが、なぜか追加料金の請求をされませんでした。
いいのかな〜
ま、いっか
納品書
その他、特に問題もなく、内覧会は終わりました。
その日はなんだか都内のアパートに戻るのがもったいなくて
近所の入浴施設に泊まって
湯

次の朝、「湯けむり朝食セット」を食べ、朝8時に、また現場に行きました。
へんなムームー
あーー！やっぱりかわいい家!!
鍵がかかっているから、外しか見られないのに、2人で家の周りをうろうろしていました。
ウロ
ウロ
12月2日
引渡しの日
12
ふだんは朝の遅い私たちが、午前中にはもう現場についていました。
なんかわくわく！
現場監督の川北さんはもっと早く来ていて、現場周りの掃除をしていました。
おはようございます！

川北さん、いつも掃除してくれてたよね
うん、すごくきちんとやってくれたね
あらためて家の中を見て
わあ、ひろいー
きれいだねー
うれしさ全開!!
川北さんと一緒に各部屋の設備の説明を受けました。
その後山のような家の機器の取扱説明書と
家の保証書と説明書を受け取りました。
保証書
そして、これが家の鍵です
ありがとう!
合鍵つくらなきゃねー
えー、このたびは、
コホン

お家の新築、おめでとうございます
おつかれさまでしたー！
私は長年この仕事をしていますけれど…今年は例年にない悪天候が続いて…
？
わなわな
連日、水浸しになった現場を、あんなに一生懸命作業を手伝ってくださった施主さんは、
お母さんが初めてです…。文句を言われても当たり前なところを…
はらはら
はらはら
え!?
そんなこと言わないでよ！
いいのよバカね！
ほんとに…
いつも冷静に現場を取り仕切っていた川北さんは、とっても熱い監督さんでもありました。きちんとした仕事をしてくれて、本当にありがとうございました。

なんだかみんなで泣いちゃいました♪

その夜は家具もなんにもないけどお寿司をとって
みかん
父母の引越しは明日だけどなんだか待ちきれずに
2人はもう、今日からこっちに泊まっちゃえば!?
布団と犬猫だけ連れてきて、父母は和室に泊まったのでした。
じゃあ私らは帰るねー
なんか、うれしそうでよかった
うん、よかったね
12月2日、家が完成しました。

●5章●

愛しの家

私たちの引越し、家ってなんだろう

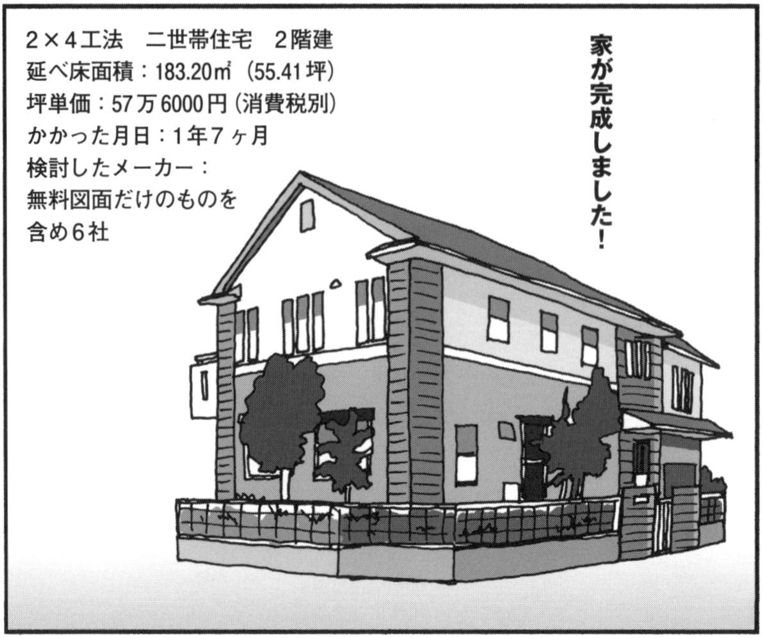
家が完成しました!
2×4工法　二世帯住宅　2階建
延べ床面積：183.20㎡（55.41坪）
坪単価：57万6000円（消費税別）
かかった月日：1年7ヶ月
検討したメーカー：
無料図面だけのものを
含め6社

私たちも
年末に
引越しを
しました。
ひっこし

新しい家具など
そろえたいところですが、
なんせ予算がないから
ベッドマット（ニトリ）
テーブル（無印）
TV台（Actus）
こんなもんで
精一杯っす。

アパートのときは収納がないので、
食器類は、ほんの少しだけでした。
シンクの上に
ちょこっと

でも今度は
収納がたっぷり!
お皿買えるぞ〜♪
新品の棚にすでにお皿がピッチリ!!
ガチャ
ギャー!?
ああ、ウチのが
入りきらないから
入れたの
使いなさい
なんで
なんでな〜〜〜!!
引越して、
一番のショックでした。
新しい家にして
よかったことは
なんといっても省エネが
実感できることです。
夏、1階は冷房を1台
かければ、
涼しく快適です。
でも2階は日当たりが
いいので暑いです。
使う部屋だけ
28度くらいの
冷房をかけています。
冬は2階は
すごく暖かいです。
昼間の暖房は
あまり使いません。
ぽかぽか
1階もストーブ1台で
暖かいです。
灯油を
買う量が
昔の⅓くらいよ

昔の家では、冬といえば、ストーブの前にずっとひっついていたものですが、今は部屋全体があったまるので、それはなくなりました。
でも家の中の温度がいつも快適なので外に出ないと気温がわかりません。
うわ！ 今日、こんな寒いの!!
気密性が高いぶん、冬は家全体で一番、寒暖の差の激しい部屋の窓が結露します。(ストーブから出る蒸気、お風呂の蒸気、加湿器の蒸気が全部2階の寝室にたまる)
北
2F
でも、換気用の換気扇が廊下の天井についているので、かなり緩和できます。(高気密・高断熱の住宅には計画換気がセットになっています)
それと、この家に住んでからはゴキブリを見ていません。入ってくる隙間がないんでしょうね。
ちっ
あと、うっかり忘れていたのが、自転車置き場！どうにか隙間にねじ込んでいますが、これもきちんと計画しておいたほうがいいですよー。
けっこう場所とるのよ

そうそう、入居してから、
家づくりの雑誌に
紹介されたんですよ
HOUSING
トイレの猫ドアをつかう
チャーちゃんの様子や
何回もやらされて超不機嫌！
ベランダでくつろぐ
（ふうな演出をされた）
くっちゃんとパルちゃんが
激写されました。
〈そのときの部屋の様子〉
〈今現在の様子〉
どごちゃー
この〝物〟の持ち主は
ほとんど全部
コイツのものなんですけど
れっ
キュー
フォーシュ
発進!!
ぶんぶん
しょっちー3歳

雑誌の写真を見て、すごいびっくりしてました
このおうち、キレーイ！どこ？
ウチだよ!!
ISING
ことあるごとにこのしょっちーが
ちょうちゃんのおうち、好き！
といってくれるのがすごくうれしい。
ほんと？
住宅ローンの支払いは、けっこう大変です。
（相変わらずフリーランスだし）
OOBANK
少しでも貯金して、繰上げ返済をしたいところですけど、……たぶん無理。
かけいぼ
大変だけど、がんばります。楽しんでつくった、私たちの家だもんね。
ロト6
新居に越してから、少し経ったとき、用事で、以前住んでいたところに行ったんですけど
杉並区役所出張所
その後、前のアパートに寄って
まだ誰も入居してないよ
ほんとだ

その帰り道すごい泣いた
うぇ――――ん
どど どうしたっ!?
私の住んでる街はここなのに、楽しい思い出がたくさんあるアパートなのに、なんでここから離れるの? ここにいたいのに、ここが好きなのに。
なによりも
くっちゃんとの楽しい思い出が遠くなってゆく――!!
ぼく、死んだみたいじゃんよお!!
長く住んだからね、淋しいのはわかるよ
ノスタルジックキタ―――!!
でも大丈夫、これからも楽しい思い出ばかりできるよ。
ね?
うん
ありがとう
そうだよね

家って、
入れ物じゃ
ないんだなあと、
その時
思いました。
そこで過ごした
思い出が
〝家〟そのもの
のような
気がします。
そして、
新しいこの家が、
楽しい思い出の
つまった場所＝愛しい家
になってほしいと思います。
そして最後に、
この本を手にとって、
読んでくださった読者様、
ほんとうにありがとうございました。
この本が、少しでもみなさんの
家づくりの参考になれば
うれしいです。
ピカピカで、
憧れを盛り込んだ、
愛しい自分たちの家！
それを思い描いて、
みなさんの家づくりも、
がんばって
ください――――!!

●あとがき●

私の仕事部屋の壁は、濃い青です。
なぜ青色にしたかというと、
「部屋の色を青にすると、気持ちが落ち着き、勉強や仕事に集中できる」と、
以前、テレビの情報番組で見たからです。

「よっしゃ！　これで仕事の効率アップ！」ともくろんでいたのですが、
気持ちがすうーっと落ち着いたあとに、眠気がぐうーっときてしまうのが
予定外でした。

カーテンは明るいオレンジ色です。
濃い青の壁に、明るいオレンジのカーテン。
「この配色は、賃貸では味わえないよな〜」
そんな小さなことが、家を建てたうれしさのひとつでもあります。

照明は、おしゃれなスポットタイプにしました。
よく、美容室とかブチックにあるような、

レールにいくつかライトが点いている、アレです。
ステキでしょ〜?
でも、これが大失敗。
スポット照明、ものすごく熱い。

青色の落ち着いた部屋にいるのに、
背中はジリジリとスポットに照らされて、
落ち着くどころじゃありませんわな。
なんでカチカチ山みたいになってんでしょう。

そんなことも、家を建てて学んだことのひとつです。

この本を読んでくださった読者さまは、家の建築を計画中でしょうか。
がんばってくださいね。
ステキなおうちが出来ることを祈っています。
ヘンな図面が上がってきたら、
遠慮なく突っ返してくださいね。
その図面は営業が描いているっ!!

最後に、監修をお願いしたネクスト・アイズ株式会社の小野信一さま、
興味深い、楽しいお話をありがとうございました。
このマンガの元になった
家づくりコラムを掲載してくださっているすまいとさん、
いつもありがとうございます。
そして、担当編集の児玉さん、高野倉さん、本当にありがとうございました。

２００９年 夏
あべ かよこ

［協力］
●注文住宅・リフォーム・不動産コンサルティングのネクスト・アイズ株式会社
http://www.nexteyes.co.jp/
●すまいとマネープランと建築家情報サイト すまいと
http://www.sumaito.com/

［著者］
あべ　かよこ
マンガ家・イラストレーター。
難しい内容をわかりやすく、笑いを加えて解説するマンガが得意。ギャグマンガ出身なので、笑いは必須。知らないことを調べて、マンガに描くことがライフワーク。取材マンガの本数は現在までに200本以上。資格試験用の解説マンガ、技術やサービスなどの取材マンガ、広告・PR用マンガなどのお仕事多数。
著書は、単著に『はじめて家を建てました！』（ダイヤモンド社）、『老後の資金について調べたら伝えたくなったこと！』（朝日新聞出版）など、共著に『マンガでやさしくわかる仕事の教え方』『親・家族が亡くなった後の手続き』『男の子の叱り方ほめ方』『パパの子育て』『男子はみんな宇宙人』（以上、日本能率協会マネジメントセンター刊）がある。
HP：http://aglet0.wixsite.com/abekayoko

［監修者］
小野信一（おの・しんいち）
住宅コンサルタント。1963年福島県会津生まれ。成城大学文芸学部卒業。不動産会社、大手ハウスメーカーを経て、一般消費者向けに売り手に属さない第三者の立場で、不動産取得及び、住宅資産に対し、公正かつ中立なアドバイスをするコンサルティング会社、ネクスト・アイズ株式会社を2004年に設立。その後、仙台に東北支店、名古屋に株式会社リブネット・プラスを設立し、全国で消費者向けの講演活動を行うかたわら、消費者本位のコンサルティングサービスを全国に展開している。

著書に『家づくり必勝法』（NHK新書）がある。

マンガ　はじめて家を建てました！

2009年９月17日　第１刷発行
2021年11月５日　第11刷発行

著　者――あべかよこ
監修者――小野信一
発行所――ダイヤモンド社
〒150-8409　東京都渋谷区神宮前6-12-17
https://www.diamond.co.jp/
電話／03･5778･7233（編集）03･5778･7240（販売）
装丁――――クツワダ　マコト（クツワダデザイン事務所）
本文デザイン―a mole design Room
製作進行――ダイヤモンド・グラフィック社
印刷・製本　ベクトル印刷
編集担当――児玉真悠子

ISBN 978-4-478-00786-0